问吧

WENBA

苏建新 刘垣 苏庆丰 龚翠林 吕长卿 廖年胜 撰写

5

有关中国传统文化的101个趣味问题

中華書局

图书在版编目(CIP)数据

问吧5,有关中国传统文化的101个趣味问题/苏建新等撰.—北京:中华书局,2008.10(2013.4重印)
ISBN 978-7-101-06309-7

Ⅰ.问… Ⅱ.苏… Ⅲ.传统文化-中国-通俗读物
Ⅳ.G12-49

中国版本图书馆CIP数据核字(2008)第141003号

书　　名	问吧5——有关中国传统文化的101个趣味问题
撰 写 者	苏建新　刘　垣　苏庆丰　龚翠林　吕长卿　廖年胜
责任编辑	刘胜利
出版发行	中华书局 (北京市丰台区太平桥西里38号 100073) http://www.zhbc.com.cn E-mail:zhbc@zhbc.com.cn
印　　刷	北京天来印务有限公司
版　　次	2008年10月北京第1版 2013年4月北京第5次印刷
规　　格	开本/700×1000毫米 1/16 印张14½　插页2　字数160千字
印　　数	25001-29000册
国际书号	ISBN 978-7-101-06309-7
定　　价	26.00元

目录

1 “楷模”一词来源于两种树木，怎么变成了对榜样人物的称呼呢？

“楷模”这个词至迟在东汉时期就已形成，据《资治通鉴》卷五十五记载，东汉时期的太学生中广泛流传有“天下楷模李元礼”这样的说法。其后，南朝宋人范晔在其所著的《后汉书》卷六十四有这样的记载：“曹操北讨柳城，过涿郡，告守令曰：‘故北中郎将卢植，名著海内，学为儒宗，士之楷模，国之桢干也。’”

现在，我们一般把具有模范行为、榜样作用的人称之为“楷模”，为什么呢？

“楷模”一词来源于两种树木。北宋人孙奕在其所编著的《履斋示儿编》一书的卷十三中说：“孔子冢上生楷，周公冢上生模，故后世人以为楷模。”

楷树是自然界中实有的一种树，俗称“黄连木”，系落叶乔木，果实红色，形为椭圆，其木质地柔韧，久藏不腐，亦不暴折，雕刻而成的器具玲珑剔透、木纹如丝而不断，名曰“楷雕”，是一种很出名的工艺品。生长在孔子墓上的楷树传说为其弟子子贡所植。相传子贡奔丧回来后，将一棵楷树苗栽于其师墓旁，后来长成一棵大树。树干挺拔，枝繁叶茂，巍然兀立，正直浩然，为诸树之榜样。清康熙间，子贡所植的楷树遭雷火焚死，后人遂将枯干图像刻于石上，碑名“子贡手植楷”。又于石上建亭存碑，亭名“楷亭”，亭与碑今都完好。

但模树却很可能是古人假想出来的一种树木。明人叶盛在《水东日记》中载：“吴正道，东隅人，明六书，许慎《说文解字》有不足者补之。临川吴文正公澄问曰：‘楷模二字假借乎？’曰：‘取义也。’曰：‘何以取木为义？’曰：‘昔模木生周公冢上，其叶春青夏赤秋白冬黑，以色得其正也。……出淮南王安《草木谱》。’”这儿提到的模树很神奇：其叶随时令而变，春天青翠碧绿，夏天赤红似血，秋天洁白如玉，冬天乌黑如墨。因其各季色泽纯正，“不染尘俗”，便为诸树榜样。后世以树喻人，故把人的模范行为、榜样作用以及为人师表的风范，称为“楷模”。

不过，因为“模木”之名除在淮南王刘安的《草木谱》一书中有记载外，其他古籍及近现代植物学著作中都未见有这一树名，而淮南王刘安所著的《草木谱》一书除了在上述笔记小说中被提到外，在其他史籍中也未见到，故极有可能这本书也是根本就不存在的。

也有人认为“楷模”一词的由来与楷树、模树是没有任何关系的，孙奕、吴正道等人所说完全是一种附会之说。“楷树”的“楷”(jiē)与“楷模”的“楷”(kǎi)是两个同形异音异义词，二者并无意义上的联系。而“楷模”的“楷”字的本义即为法式、典范。

知识链接

作为榜样的“模范”最初是人还是物？

如今，“模范”一词，通常解释为样板、榜样，值得学习或仿效的人物或事物，如先进模范、全国劳动模范、英雄模范、模范丈夫、模范事迹、模范行为等等。其实，模范是模与范的合称，初意是指古代铸造青铜器时所使用的主要造型工具。1975年在河南偃师二里头遗址的墓葬中出土的商代乳丁纹青铜爵，是我们所知采用范铸的最早一件铜器，距今已有3500多年了。

一件青铜器的铸造，要经过塑模、翻范、烘烤和浇铸等一整

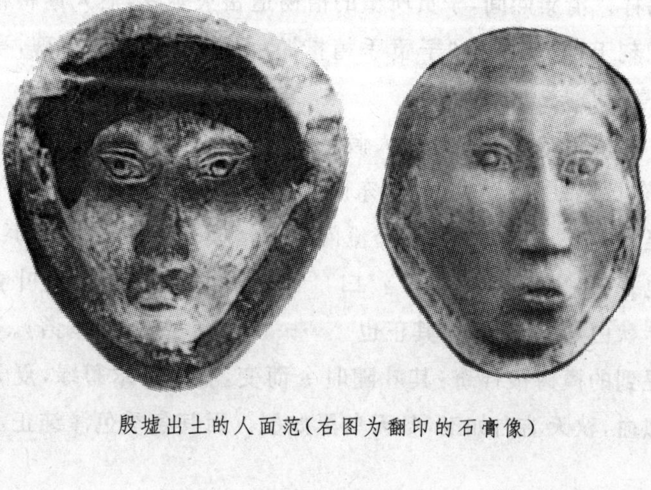

殷墟出土的人面范(右图为翻印的石膏像)

套工序。用泥料制成的实心器物外形，称为"模"。在"模"上贴泥而翻制成的外模或凹模，称为"范"，亦称"外范"、"母范"、"母模"等。一件器物的"范"要分为多块，否则无法起范脱模。表现器物内腔、孔及某些中空部分的泥型，称之为"芯"，亦称"内范"。"范"和"芯"的组合，即为"铸型"。铸型的范、芯之间的空隙构成了器壁，浇入液态金属即可凝固成器物。

铸铜工具的模与范，有陶(泥)质、石质和金属质三种，其中以陶质为主。山西侯马晋国都城遗址东南的铸铜作坊内曾经发现大型编钟的整套铸范，其内、外范多达 96 块，而且并合严密，表明我国的铸造工艺技术在战国时期就已经达到相当纯熟的水平。

小型器物，只用外范合铸。如殷墟出土的一套直内戈陶范，有厚约 4 厘米，长 31 厘米的正背两范。范的两侧边缘有两条小沟槽，作为合范时的标记。

古代钱币铸造所用的范具，制作情况与直内戈范基本相同。但后者是一范一器，而一套钱范，一次能铸钱数枚乃至数十枚。钱币是国家规定的制钱，质地、大小、重量都有严格规定。即使政府允许民间铸钱，也要由国家发给统一的模和范，以防止恶币的出现。

古人将"模范"这种铸造所用的范具，引申到社会交往礼仪等方面，于是人的行为、事迹合乎规范，堪为榜样也就赋予了"模范"的含义。如汉扬雄《法言·学行》称："师者，人之模范也。"古人之所以对师十分尊敬，是因为为师者可以规范世人，做人们学习效仿的榜样。这是"师范"一词的含义所在。

2 常说要守"规矩"，到底什么是"规矩"？

"规矩"其实就是规和矩，原是我国古代匠人常用的工具，与

画像砖规矩图

今天在数学上使用的圆规和曲尺(矩)构造基本相同。早在先秦时期,这两件普通而又简便的工具,便已经受到人们的器重。《史记·夏本纪》说大禹治水时,"左准绳,右规矩,载四时,以开九州,通九道,陂九泽,度九山"。夏禹治水是否随身带着规矩,测量大地,兴修水利,多属传说,无法考证。不过,距今约6000年的黄河中游一带的人们,已经懂得制圆造方的技术。考古发现,属于仰韶文化的西安半坡遗址和临潼姜寨遗址内,都留下了圆形和方形的房屋建筑遗迹。

那么,古代的规和矩,究竟是什么形状的工具呢?古人没有具体说明,而在汉代画像石和帛画的伏羲女娲图中,规和矩画得十分清楚。伏羲执矩,女娲执规,他们是开天辟地的创世纪者。

帛画规矩图

规和矩,看似简单,但在数学领域却涉及空间形式理论。墨家创始人墨翟在《墨子》一书的《经》和《经说》中对规作的圆、矩作的方,下过与近代几何学相仿的定义。《淮南子·说林训》"非规矩不能成方圆"更是进一步肯定了工具的作用。到了汉代,《汉书·律历志》还将规矩成圆成方定为法式。"规者,所以规圆器械,令得其类也。矩者,所以矩方器械，令不失其形也。”经政府的提倡，规矩真正变成了天下人使用的工具了。

后来，作为器物的规和矩又引申、运用到社会学方面，便产生了一种新的说法和意义：凡是人们的行为举动，都应该合乎社会法则。《淮南子·诠言训》对这一点讲得很透彻：“未尝闻身治而国乱者也，未尝闻身乱而国治者也。矩不正不可以为方，规不正不可以为圆。身者事之规矩也，未闻枉己而能正人者。”这里谈到了治国、做人的道理。凡事以身作则，而“身”，就是要规规矩矩，做出榜样。

成语中“规行矩步”也与此相关，意思是人们在社会生活中都应该按照一定的规则行动，也就是守法而不逾越相应的尺度（即合乎成圆成方的规矩）。平常说的守“规矩”取意即在于此。

知识链接

“关键”人物、“关键”事件为什么就显得比较重要？

“关键”人物、“关键”事件之所以比较重要，就在于他们发挥的是“关键”的作用。日常生活中经常使用这一词汇，源自人们居住的房屋的一个重要部件。

“关键”或“关”起初作为实物名称，古代都是指门闩。从“关”（關）的字形也可看出与门（門）有关。不过，“关”是简单的闩，而“关键”则是复合的闩，与今天的含义已经完全不同了。

《说文解字》对“关”的解释很明白具体：“关，以木横持门户也。”在两扇门中间用一根木头横过来抵上，就可以关上大门。这根横木就叫“关”。我们今天说“关”门，古人却不说“关”，而是“闭”门。为什么说“闭”不说“关”呢？原来从先秦到汉代，“关”一直是表示实物的词，不作动词用。历史上曾经有“举关”、“斩关”和“枕关”诸说，这里的“关”，便都是门闩。《吕氏春秋·慎大》“孔子之劲，举国门之关”，《左传·襄公二十三年》“臧纥斩鹿门关以出”的“关”，是指城门的门闩。《史记·刺客列传》有豫让为荀寅做事的记载，贾谊在《新书》让豫让自述当时受到的普通人待遇："与帷而衣之，与关而枕之"，这里豫让枕关的"关"，则是一般门户的门闩。他只能以帷帐做衣服，门闩当枕头。"关"为横木，可以将就着当枕头用。

古代小说还有"拔关而出"、"拔关夺走"、"斩关落锁"、"折关破楗"等说法。前两句提到的"拔关"，就是拔掉门闩，至于后者，则要联系到"关键"了。

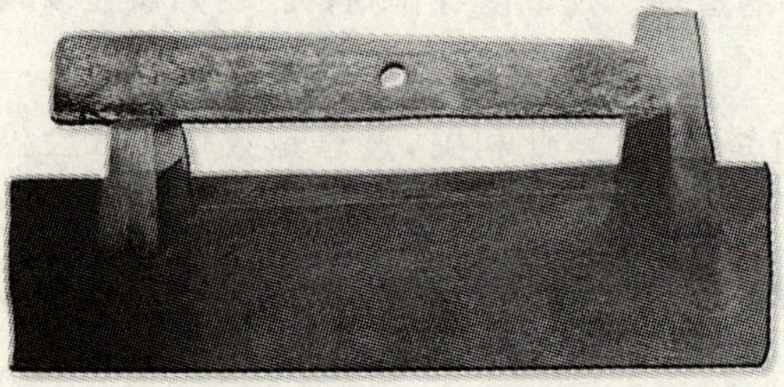

纹关木

关键的"键"，原作"楗"，说明初为木制，后来才有金属的。徐灏《说文解字注笺》解："键者，门之牡也。盖以木横持门户，而纳键于孔中，然后以管籥固之，管籥即今之锁也。"就是说"键"是插入关上凿出的孔内的装置。有人说，关键作为合成词，原为两物，门闩横者为关，竖者为键。还有人说，古代的"闭"字，本为"门"内一个"干"(閈)，形象地显示出横闩加上直闩。后来抄写者不注意，将"干"字下面的一横变成斜撇，结果就成了"闭"。不管此说是否有根据，我们还是可以肯定"关键"的初义是门闩。

门户紧固，要依靠"关键"。这个意思后来扩展开去，用来比喻在某个事情处理上有举足轻重作用的人，或在人们的生活中有重要影响力的事件，便会在人物、事件前面冠以"关键"一词，以示他们极其重要，不亚于门闩之于门户。今天，我们听到"关键在于"、"问题相当关键"等词语，不会一下子联想到门闩，因为原属名词的字词在长期使用中发生转义，用作动词、形容词，已经变成了和原词意义不同的抽象的概念了。

3 为什么把行为不端的人叫做“不三不四”？

要明白“不三不四”的含义需要了解古人对“三”“四”的特殊感情。

据史料记载，古人认为天为一，地为二，天地相加成三。“三”不仅是一个吉祥数字的概念，而且还作为整体的象征，所以汉字中有三木成“森”，三金成“鑫”，三水成“淼”，三口成“品”等情形。此外宇宙中有三材（天、地、人），天上有三光（日、月、星），帝王中有伏羲、神农、黄帝，文人中有三曹（曹操、曹丕、曹植）、三苏（苏洵、苏轼、苏辙）、三袁（袁宗道、袁中道、袁宏道）等。古歌曲反复咏唱为“三叠”。像“三十而立”，“三思而后行”，“三人行，必有我师”，“三个臭皮匠，合成一个诸葛亮”等词句也都与“三”有关。取“三”名的事物，含意深远，其味无穷。

至于“四”，古意则多含有周全、称心，取事事（四四）如意之义。西天如来佛身边有“四大金刚”；唐僧取经是师徒四人共同西行，文房四宝为笔墨纸砚；琴棋书画是文人所操四事；真草隶篆为汉字书写四体；四库全书含经、史、子、集；西施、王昭君、貂蝉、杨玉环是古代“四大美女”。有关“四”的事物诸如“四季”、“四方”、“四海”之类真是不胜枚举，魅力无穷。人们把“四”视为吉祥，取“四”名而呼之，成为习俗。

正是由于在我国传统文化中“三”与“四”寄托了人们对美好事物的追求和礼赞，所以那些不正派、不正经的人及其言行便被斥为“不三不四”了。如胡屠夫骂范进：“也该撒泡尿自己照照！不三不四，就想天鹅屁吃！”（吴敬梓《儒林外史》第三回）

在“三”和“四”的搭配中与“不三不四”相关的还有“颠三倒四”，指说话、办事没有次序，没有条理；“说三道四”是指爱说人闲话，乱加议论；“丢三落四”形容人马马虎虎或记性不好而好忘事；“低三下四”形容卑贱，低人一等；“推三阻四”表示以各种理由推脱；"三番四复"，形容反复多变；还有朝三暮四、挑三拣四等等，也都含有贬义。

知识链接

"万一有个三长两短"是人们从坏处预想时常说的话，到底是哪"三长"、哪"两短"呢？

"三长两短"指意外的灾祸、事故，或人的死亡等不吉利的事。如罗贯中的《三遂平妖传》有"万一此后再有三长两短，终不能靠着太医活命"的例子。以后范文若《鸳鸯棒传奇·恚剔》中也有："我还怕薄情郎折倒我的女儿，须一路寻上去，万一有三长两短，定要讨个明白。"为什么"三长两短"就跟不吉利有关呢？

原来"三长两短"是指一副未盖上盖子的棺材，它是由棺材的三块长板（底面加左右两面）和两侧的两块短板构成的匣子。《礼记·檀弓上》记载："棺束，缩二，衡三；衽，每束一。"孔颖达疏云："棺束者，古棺木无钉，故用皮束合之。缩二者，缩纵也。纵束者二行也。衡三者，横束者三行也。衽，每束一者。衽，小要也，其形两头广，中央小也。"

古时棺木不用钉子，用皮条把棺材底与盖捆合在一起。横向捆三道，纵向捆两道。横向的木板长，纵向的木板短，"三长两短"即源于此。连接棺盖与棺底的木楔为两头宽中间窄的衽，它插入棺口两旁的坎中，使棺盖与棺身密合。衽与皮条联用，又可以使棺盖紧固。后来由于有了钉子钉棺盖，既方便又快捷，衽也就逐渐被淘汰，但这个词语却一直流传下来。起初"三长两短"是死的别称，后来又加入了意外、灾祸等意思。有时它被缩写为"长短"，但含义不变。如《红楼梦》第十一回："可是呢！好个孩子，要有个长短，岂不叫人疼死！"

关于"三长两短"的来源还有一说。据《越绝书·外传记》记载："欧冶子乃因天之精神，悉其伎巧，造为大刑三，小刑二：一曰湛卢，二曰纯钧，三曰胜邪，四曰鱼肠，五曰巨阙。"说战国时期越国著名剑师欧冶子铸了五把利剑，其中三长两短，都锋利无比，一般人遭遇到这五把剑就有性命之忧，于是后世把各种危及生命的风险称为“三长两短”。

4 勒索钱财的做法为什么叫做“敲竹杠”？

在现实生活中，人们常把那些寻找借口或者利用某种机会向别人敲诈勒索的行为称作“敲竹杠”。这一俗语的来源，主要有以下几种说法。

四川山道崎岖，路很不好走，所以李白说：“蜀道难，难于上青天。”当地的有钱人上山烧香拜佛，往往乘坐一种用竹竿做成的滑杆轿子。走到半山腰的时候，抬轿子的人经常会敲击滑杆，暗示坐轿子的加工钱，否则就不往前抬了。这时坐轿者一般只好乖乖地给轿夫加些钱，听其勒索了事。

还有一说：鸦片战争前，帝国主义商船纷纷向中国输入鸦片，牟取暴利，毒害中国人的健康。爱国官吏林则徐向清政府提出禁烟，并在广州海面派出官船巡逻，查禁鸦片。一次，有一艘走私船被官船截住。负责的官员抽着旱烟上了商船，监督手下人搜查。他无意之中在船篙上磕了两下烟袋锅，这个动作把走私商人吓得脸色发白。原来他们正是打通船篙，把鸦片隐藏在内的。走私商人以为官员发现了秘密，就强作笑脸，趁别人不注意的时候把钱塞进官员的手中。这个贪官心领神会，就放走了走私船。以后，这位官员每次上船检查，都有意大敲竹杠。于是“敲竹杠”的说法就传开了。

第三种说法是：清朝末年，市场上小额的买卖常以铜钱作为单位，店家接钱后便丢在用竹杠做的钱筒里，晚上结账时再倒出来，谓之“盘钱”，又称之为“盘点”。当时上海有家店铺，老板很不老实，遇上陌生顾客进门，总是随意提价宰人。每当伙计接待这样的客户时，店主就从旁将竹杠敲一下，示意他提价勒索。

三种来源的说法各有一定的道理，但第二种似乎更可信一些。

知识链接

什么是“碰瓷”？

“碰瓷”是北京方言，泛指一些投机取巧、敲诈勒索的行为。“碰瓷”的由来也有典故，一种说法是这样的：起源于清末，那时候有一伙人为了诈人钱财，专门抱着瓷器去路边撞马车。与马车发生碰撞后，这伙人就故意把瓷器摔坏，一窝蜂围住车主要求赔偿。说那瓶是他爷爷的奶奶的二舅妈的大姨子那代的古董，值多少多少银子。于是车主就被狠狠宰了一把白花花的银子，要不然他就甭想脱身而去。瓷器碰马车，就叫“碰瓷”。

还有一种说法，认为“碰瓷”原是古玩业的一句行话，意指个别不法之徒在摊位上摆卖古董时，常常别有用心地把易碎裂的瓷器往路中央摆放，专等路人不小心碰坏，他们便可以借机讹诈。可怜被“碰瓷”者气受了，钱花了，还得抱回一堆碎瓷。

现如今，“碰瓷”这类倒霉事儿更多的是发生在私家车主身上，在广州、北京等地甚至还出现了团伙作案的“职业碰瓷党”。“碰瓷”是民间的一种说法，实际就是诈骗违法犯罪的一种表现形式。

5 “做一天和尚撞一天钟”怎么变成了“混日子”的代称？

“做一天和尚撞一天钟”，通常有混日子、消磨时光的贬义。生活中，有人遇事敷衍，得过且过，过一天算一天，凑合着混日子，于是就会被别人戏称为撞钟的和尚。那么，这一用语有无出处呢？

原来，出家人里确有固定分工，专司撞钟之事的和尚。“做一天和尚撞一天钟”的钟，指的是寺庙的晨昏钟。据佛家讲，人生共有一百零八种烦恼，所以按以前的寺规，就是在早晨和黄昏各敲一百零八下的钟，以消除人生的烦恼，称为晨昏钟。

任何工作都有一套章法，佛门也不例外。拿撞钟来说，也存在一套严格的定规。撞钟前，和尚必须默诵佛经，诵毕方能执椎撞钟。在撞钟时要撞出轻重分明，缓急有致的节奏。钟声还要抑扬顿挫，传之既远且又回荡不息。晨昏两次钟，紧七下，缓八下，平平二十下，是为一通。如是者三，名为三通，共击一百零五下，然后再撞三下，前后总共撞钟一百零八下。做一个合格的撞钟和尚殊为不易，故被挑选上的弟子不仅要手脚利索，脑子灵活，责任心强，而且还要精通经文，方可称职。

“姑苏城外寒山寺”的钟声之所以名扬中外，既非它的钟声特别响亮，也非“夜半钟声到客船”之故，而是因为它必须在二十分钟之内敲完一百零八下，而且最后一下敲在十二点整，差一秒不行，过一秒也不行。如此分秒不差的撞钟功夫，实在令人叹服。据说敲完钟的和尚每回都有“犹如卸下千斤担”的感觉。

姑苏城外寒山寺图

照理说，“做一天和尚撞一天钟”实在不是一件轻松简单的事情。无奈俗人不解其中味，他们从旁观瞧，觉得和尚撞钟真是稀松平常：既不用动脑子，又不必费力气，到时辰就撞它几下，不是很容易地混过一天了吗？这种偏颇的看法，在民众中传扬开去，于是撞钟的和尚被视为混饭吃的和尚，俗人自嘲撞钟也就成了混日子的代称。如《金瓶梅词话》第二十六回："常言道，做了一天和尚撞了一天钟，往后贞节轮不到你身上了。"

天目山开山老殿有一幅胡适所写的对联："有几分证据说几分话，做一天和尚撞一天钟。"胡适这幅对联把这句老话和他服膺的杜威实验主义哲学搁到了一起，显然是深谙撞钟道理的明白人，这也算是为和尚们多年蒙受的冤案平了反。

知识链接

不好好干活，有意拖延为什么叫做"磨洋工"？

在生活中，如果有人办事态度消极，有意拖延，别人就会很不满意地责备他说："你在'磨洋工'呀！"从这里我们知道，"磨洋工"这个词是贬义词，一般指做活时偷懒，消极怠工。其实，最初"磨洋工"并不包含磨蹭、怠工的意思，而是建筑中的一道工序。中国传统房屋施工十分考究，要求用"磨砖对缝"来保证质量上的完美。其中有所谓"磨工"，就是对砖墙的表面进行打磨，使之平整、光滑的一种功夫，相当于现在的勾缝和打磨石类的装修。

1917年至1921年，美国用清政府的庚子赔款在北京兴建协和医院和协和医学院。工程耗资五百万美元，占地二十二公顷，建筑质量要求很高。外观上采取中国传统的磨砖对缝，琉璃瓦顶。由于这项工程是由外国人出资、设计、监工的洋房，处处带有个"洋"字，故被中国工人称之为"做洋工"。协和医院有主楼十四座，又是高层建筑，"磨工"工序十分浩繁，参加建筑工程的许多工人就把这一工序称为"磨洋工"。现在这种工序很少见了，但是"磨洋工"作为一个词语却保留了下来。

至于后来消极怠工的意思，也许是出于对西方帝国主义者侵略中国的罪恶行径不满的一种发泄，随着时间的推移，最终改变了原来的含义。历史上这种讹传的例子还有很多。“磨洋工”一词的今义，已与“磨工”无关。磨，只是“磨蹭”、“拖延”之意。洋工，即一般的“工夫”的意思了。

6 做事不认真为什么叫做“马虎”？

日常生活中，人们都喜欢用“马虎”来形容某些人办事草率或粗心大意。从字面上，我们无论如何也看不出这两个字与不认真之间有什么必然联系。如果从两种动物的属性看，它们也相差甚远：一个是人类早已驯养成功了的家畜朋友，一个是野生凶猛的兽中之王。人若不小心落入虎口，就会被它吃掉，连马也不能幸免。为什么这两种性情截然不同的动物会搭配在一起，成为一个有特定含义的固定词语“马虎”呢？

相传，宋代时京城有一个画家，作画往往随心所欲，令人搞不清他画的究竟是什么。他非常喜欢画虎。一次，他刚画成一只虎头，有位朋友登门来拜访，想请他画一幅马。这位画家大笔一挥，非常随便地在虎头之下添上了马的身躯。朋友见他如此不认真，便质问他说：“你这画的到底是马呀，还是虎呢？”没想到这位仁兄随口便回答道：“管它是什么呢，马马虎虎吧！”朋友见他这种态度，一气之下拂袖而去。

别人不要，画家就把自己这幅“得意之作”挂到墙上。他的大儿子看见后很奇怪，用手指着画问他：“爸爸，那上面画的是什么啊？”“是虎。”画家漫不经心地回答。后来二儿子也好奇地问他，画家又随口支吾着说：“是马。”

不久，大儿子外出打猎，碰上一匹马，却以为是虎，搭上箭，一箭就将它射死了。马主人不干了，要他赔偿。害得画家不得不原价赔偿，好让人家再买一匹马。后来二儿子出门，路上遇到一只老虎，以为是马，就想去骑，结果被虎一张嘴吃掉了。画家闻讯，悲痛万分，就把《马虎图》烧了，还写了一首诗自责：“马虎图，马虎图，似马又似虎，长子依图射死马，次子依图喂了虎。草堂焚毁马虎图，奉劝诸君莫学吾。”于是这位画家赢得了一个“马虎先生”的外号。这个悲剧故事的教训实在太深刻了，从此，“马虎”这个词就流传开了。

知识链接

生活中有些人被称为“马大哈”，这一说法和一种叫大马哈的鱼有关系吗？

在我国东北被称为“大马哈鱼”的鱼，是一种在淡水中产卵孵化，在海水里生长，性成熟后再洄游到淡水里产卵的名贵冷水鱼类，是世界名贵鱼类之一。又叫“三文鱼”，即“鲑鱼”(salmon)英文的音译。沿黑龙江、乌苏里江一带定居的赫哲人，把这种每到白露前后，便大批到来的鲑鱼称为“达乌依玛哈”(dao imaha)，后经演变，就叫做了“大马哈”。大马哈鱼的“大”不是大小的“大”，而是译音。因此，只有“大马哈鱼”而没有“小马哈鱼”。

这种叫大马哈的鱼是不是很“马大哈”、“马虎”，随便就往渔民的网里瞎钻乱跑呢？这个问题好像还没有鱼类学家专门研究，加以证实过。“大马哈”虽然字形上与“马大哈”近似，但后者是一个新词，纯属现代人的发明。

“马大哈”常用来指马马虎虎、大大咧咧、嘻嘻哈哈，摆出一副无所谓的样子，办事草率、经常出错、丢三落四之人。说它是新词，是对香港人而言的，五十年代，由天津市的相声界艺人创造的趣语。

相声段子名叫《买猴子》，五十年代的时候曾经风靡全国。故事说一位干部以不负责任马虎草率出名，他的大名就叫“马大哈”。他写了个公告，本来要通知“到（天津市）东北角，买猴牌肥皂五十箱”，可是飞笔疾书，竟错写成“到东北买猴儿五十只”了。

而马大哈的领导们也是同样马虎草率的官僚主义，内容看也不看便挥笔批准。马大哈的同事和下属又习惯于盲从，问也不问纷纷出差执行任务，结果闹出了令人捧腹不已的大堆笑话。比如：他们为了去采购猴子，跑遍了大半个中国；各地接洽者虽然惊奇于天津采购员的离奇“购货单”，却仍到处帮他们捉拿猴子交货；猴子从四面八方运回后，群猴出笼之际，又大闹了百货公司，趣闻笑话，接连不断。

作者何迟和演员马三立曾因这段相声被打成右派，但“马大哈”一词迅速传遍全国。

我们现实生活中，确实有些天生马虎之辈，办什么事都马马虎虎，丢三落四，而且懒于认真检讨自己，常哈哈一笑了之。称这类人为“马大哈”，真是形象、贴切、恰当。

7 受了别人的欺骗为什么叫做“上当”？

人们常把受骗叫作“上当”，其实“上当”的原意是到当铺去典当东西。该词的出现，和一段趣闻有关。

清朝光绪年间，清河地方有一个经营当铺的姓王的大户人家，经过几代人的努力，家大业大，生意异常兴隆。生活一富裕，各房的族人开始懒于经营了，就把资金存入当铺做了股东。他们靠股金分红过日子，把日常的典当业务全都交给一个名叫寿芒的年轻人来主持。而寿芒是个酷爱读书，喜欢校刻书籍的文人，对生意并不精通，处理典当营业事务非常随便。

王氏族人见有机可乘，就不约而同地从自己家中拿了一些无用的东西到当铺来典当。他们个个都将物品估定了高价，要伙计如数付给。伙计不敢得罪股东老板，寿芒也心不在焉，不加阻拦。这样下去，前来敲诈的族人越来越多，不到几个月，典当铺的资本就被诈骗得所剩无几了，寿芒只好向其他商号借贷。日子一久，一家资金充足的当铺就破产倒闭了。当时的人见此情景，就编了一句谑言：“清河里，自上当。”嘲笑清河王家的人去自家当铺典质东西（自上当）。由于王氏家族自家诈骗了自家，使得当铺破了产，因此后来就把被欺骗，使事情败坏的事，叫作“上当”了。

知识链接

什么是“骗马”？

“骗马”是一种具有深刻内涵的历史文化现象。它源于骑术，结缘于古代军事，并发展成为一种最基本的杂技艺术——马戏。一骑马者在马的奔驰中，手攀鞍鞯或抓住鬃毛，腾身上马；或上下反复，不断腾跃，均谓之“骗马”。《新唐书·百官志一》：“凡反逆相坐，没其家配官曹，长役为官奴婢，每岁孟春上其籍，仲冬送于都官，条其生息而按比之。乐工、兽医、骗马、调马、群头、栽接之人皆取焉。”提到的“骗马”就是普通的“骑马”之义。

到了元代，“骗马”开始有了诓骗的意思，如《西厢记》第三本第三折：“又想去跳龙门，学骗马。”王季思校注：“俗注谓哄妇人为骗马，不知何据。”一说，指不务正业、大材小用之意。张燕瑾新注：“‘学骗马’，这里指不务正业、大材小用的意思。”

清代黄小配在《大马扁》序言中称此书“于马扁界中，别开一新面目”，《二十年目睹之怪现状》第八十回的回目标题是：贩丫头学政蒙羞　遇马扁富翁中计。这儿的“马扁”实际上是“骗”拆字后的一种说法，指骗子、骗人。这种用法也是在“骗”字引申出诓骗之意的元代就有了，如秦简夫《东堂老》第一折：“不养蚕桑不种田，全凭马扁度流年。”

8 患了嫉妒情结的男女为什么常被说成是在“吃醋”？

食醋是我国古代主要的酸味调料。除食用的内涵以外，“吃醋”还有丰富的外延。清代人文康的章回小说《儿女英雄传》中有这么一段话：“切切莫被那卖甜酱、高醋的过逾赚了你的钱去，你受一个嫉妒的病儿，博一个‘醋娘子’的美号。”看来作者的这段话是从生活中提炼而来的。食醋是一种具有酸味的传统调味品，可以引申为酸、酸味。酸又有痛苦义，所以人们又把捻酸吃醋与嫉妒联系起来以喻心酸。有时也称醋意、醋劲儿。如《红楼梦》第三十一回：“晴雯听他（指袭人）说‘我们’两字，自然是他和宝玉了，不觉得又添了醋意……”吃醋的近义词还有泼醋、捻酸吃醋和争风吃醋。明末《清夜钟》第二回有“石匠樊八……怕陈氏吃醋……又怕陈氏捻酸怪他”。人们又把爱流露出醋意的人称为醋缸、醋瓮、醋钵儿、醋罐子、醋坛子或醋瓶子。有时还把没来由的嫉妒称为吃寡醋，如戏剧《百花亭》就有“我几曾调他来，皆是他心上自爱上我，你吃这等寡醋做甚么？”

嫉妒和食醋是怎样联系在一起呢？清代有人认为它源于一种成见。在某些南方地区，人们相信一户人家不宜同时酿造两缸醋，否则必有一缸会坏掉。同样，在一个家庭中也应保持一夫一妻的常规，不要搞多妻制，否则妻妾之间难免产生嫉妒、冲突，使大家吃到“坏醋”。

狮吼记

还有一种“狮吼说”。其主要依据是《在阁知新录》关于“世以妒妇比狮子”。《续文献通考》载：“‘狮子日食醋、酪各一瓶’，吃醋之说本此。”明代李日华《紫桃轩又缀》云：“正德中，狮子房二号日食活羊一只、白糖四两、羊乳二瓶、醋二瓶……”说明狮子确有食醋的习惯。那么狮子食醋又与妒妇有什么关系呢？原来苏东坡有一首题为《寄吴德仁兼简陈季常》的长诗，极为生动地记述了河东柳氏的凶悍以及陈季常闻狮子吼而茫然无措的窘况。后来人们便把“河东狮吼”作为妒妻悍妇的代称。这样河东狮又与吃醋、嫉妒牵扯在一起了。这一说法是否确切，不得而知。不过关于“吃醋”一语的来源，流传最广的，还是唐太宗李世民劝房玄龄纳妾一事。

据刘悚《隋唐嘉话》一书的记载：唐朝初年房玄龄因辅佐有功，李世民几次想把美女赏赐给他，但都被婉言谢绝了。后来听说是源于房家有妒妻，于是皇后亲自出马作思想工作，但同样没有效果。李世民生气了，就安排人送去一壶酒，并传话说：“朕意已决，要给房大人纳妾。夫人若抗命不遵，这杯毒酒马上就赐你一死。”然而生死面前，卢氏毫不畏惧，她宁可去死也不愿丈夫纳妾。只见她镇定地接过“毒酒”，仰脖一饮而尽。结果她没有丧命，原来壶中装的是老陈醋。后来李世民自我解嘲地说：“朕尚怕见她，何况房玄龄呢！”不敢再提给他美女的事。于是“吃醋”的故事广为流传。由此可见，“吃醋”与“嫉妒”的“联姻”应该追溯到唐代。

知识链接

“一树梨花压海棠”怎么会是老夫配少妻的意思？

社会上，年青的女子嫁给年纪比她大很多的男人，习惯上就称为“老牛吃嫩草”。嫩草配嫩草，老牛搭老牛，这本是通常的做法；但老夫配少妻，这就使人少见多怪，忍不住要做更多的联想了。

据说北宋词人张先在八十多岁时娶了一个十八岁的小妾，东坡调侃道：“十八新娘八十郎，苍苍白发对红妆。鸳鸯被里成双夜，一树梨花压海棠。”张先晚年纳妾事属实，东坡曾作诗嘲笑，题曰《张子野年八十五尚闻买妾述古令作诗》：“锦里先生自笑狂，莫欺九尺鬓眉苍。诗人老去莺莺在，公子归来燕燕忙。”用西厢张生崔莺莺故事戏之，这从《东坡集》中可以查到。但“一树梨花压海棠”却是附会给苏东坡的，而另有出处。

清初诗人刘廷玑有年春天到淮北巡视部属，路过宿迁县一叶姓民家时，见到“茅舍土阶，花木参差，径颇幽僻”，尤其发现“小园梨花最盛，纷纭如雪，其下海棠一株，红艳绝伦”。此番情景，令他想起了一首关于老人纳妾的绝句：“二八佳人七九郎，萧萧白发伴红妆。扶鸠笑入鸳帏里，一树梨花压海棠。”不禁为之哑然失笑。（《在园杂志》卷一《宿迁叶姓查声山联》。）这里，“海棠”、“梨花”借喻芳龄二八的红粉佳人和萧萧白发的老郎君。传闻的苏诗意思颇相同，应该还是近人由此化出。清代袁枚七十岁的时候写的诗《不染须》最后两句云：开窗只替海棠愁，一树梨花将汝压。这两句明显套用的也是“一树梨花压海棠”。当年，岁数高过“七九郎”的张先（诗题“年八十五”），面对东坡诗还自我解嘲地酬和云：“愁似鳏鱼知夜永，懒同蝴蝶为春忙。”曲为辩解，深得子瞻的激赏。因此，“一树梨花压海棠”后来就成了老夫少妻，也即“老牛吃嫩草”的委婉说法。

9 为什么小气的人被讽刺为“吝啬”？

吝啬，意为“小气”。《三国志·魏书·曹洪传》云：“初，洪家富而吝啬。”又作“遴啬”。关于这个词的来历，民间有一段趣闻：传说很久以前，有两位先生，一个名吝先生，一个叫啬先生。吝先生有一回到城里办事，在半路上碰到了啬先生。两人一路上有说有笑，谈得十分投机，于是便结为朋友。分手时，他们相约中秋节到乌有山子虚亭饮酒赏月，定好了由吝先生携酒，啬先生备菜。但两人都很小气，不肯轻易花一分钱。中秋节到了，两人如约来到子虚亭所在的乌有山，但见彼此都是一双空手而来，他们大眼瞪小眼地互相对视了一会儿，忍不住哈哈大笑。两人谦让一番在亭子里坐下之后，吝先生首先站起来打破僵局。只见他一只手弯曲着佯做举杯状，另一只手遥指高空，朗声说道：“月光如水水如酒，请啬先生开怀畅饮。”啬先生也不甘示弱，随即伸出两个手指做筷子，指着荷塘深情地说："池中游鱼鱼是菜，请吝仁兄大饱口福。"两人觥筹交错，互敬互让，好不高兴。吝先生脖子一仰，嘴里咂得滋滋作响，连声称道："好酒，好酒，杜康也要逊色三分！"啬先生也把手指送入口中，连声称道："好菜，好菜，山珍海味也无与伦比！"过往的行人看到这两个人如痴如呆的举动，无不捧腹大笑。其中一位过客认识吝啬二人，便走上前打趣道："今天两位仁兄赏月，喝的是吝啬酒，吃的是吝啬菜，活着是吝啬人，死了是吝啬鬼。"从此，"吝啬"一词便逐渐传扬开来，用于形容极其小气的人。

知识链接

什么是"看钱奴"？

词中的"看"，是看守，不让人乱动（他的钱财）的意思。"看钱奴"就是守财奴，西方莫里哀喜剧《悭吝人》里的阿巴贡、巴尔扎克小说《欧也妮·葛朗台》中的葛朗台，以及果戈理小说《死魂灵》里的泼留希金就是这样著名的吝啬鬼形象。而我国十大古典喜剧中也有一部《看钱奴》，作者是元代的郑廷玉。这部杂剧描写穷汉贾仁向东岳大帝抱怨上天不公，贫富不均，结果神让他意外获得了邻居周荣祖家泼天的财产。不过，拥有了财富的贾仁充其量只是为周家做了二十年的看钱奴：他以廉价收买周家孩子为义子，平日悭吝成性，临死也舍不得让义子把自己好好安葬。作品里写他留遗嘱的场面显得十分滑稽可笑：他吩咐孝子把马槽将就着作为自己的棺材。义子问马槽太短了，人装不下怎么办？他说干脆用斧头砍成几块再放进去。不过，连斧头他都不让儿子花钱买，而是出主意要他向别人去借。这种有钱舍不得花的人不是看钱奴，又是什么呢？

到了明代，署名"破悭道人（徐复祚）作"的《一文钱》又塑造了一个明代看钱奴的典型：卢至。剧作写卢员外财帛堆积如山，其富满城无人可及。不料他吝啬至极，不舍得穿，不舍得吃，妻儿日日冻馁，日子过得不如乞儿。某日他拾到一文钱，在众乞儿酒肉豪饮的刺激之下，决定将它放纵挥霍掉。结果却是买了些许芝麻，一个人躲到一边，独自逐粒儿慢慢地品尝，最终享用得心满意足。作品对卢至的贪鄙悭吝形象，刻画得入木三分。明末剧本集《四大痴》选录此剧时，改名《财痴》。

清代，《儒林外史》里出现的严监生，作为看钱奴的典型更是妇孺皆知的。不过和前人相比，作家主要不是用喜剧、挖苦的态度来嘲笑这位胆小鬼的吝啬，“两根灯草”的细节除了让人感到好笑，还会让人对这种一贯只会刻薄自己的可怜虫从心底生出一丝怜悯之情。对照其兄后来欺负未亡人，肆意谋夺遗产的行径，我们发现批判锋芒更多指向严贡生这个劣绅。在严监生的一生中，作者自始至终是把他作为“善人”来刻画的。严监生落下一个“吝啬鬼”的骂名，这是善人被误解的悲剧。今日不乏严贡生一样的人，但缺少的却是严监生。所以有的学者认为应该为他招魂。

10 为什么寡廉鲜耻的人常被唤作“王八”？

过去，社会上一些寡廉鲜耻的人，往往获得“王八”、“王八蛋”、“王八羔子”之类的骂名。

其实，“王八”原来是实有其人的。据《新五代史·前蜀世家》的记载，“王八”是五代十国时的前蜀主王建的大名。王建，字光图，许州舞阳人也。“隆眉广颡，状貌伟然”。因为年轻时是个无赖之徒，专门从事偷驴、宰牛、贩卖私盐的勾当，又加上王建在兄弟姊妹中排行第八，所以与他同乡里的人都叫他“贼王八”。金人元好问《杂著》诗：“泗水龙归海县空，朱三王八竟言功！”

再者，“王八”还可被视为“忘八”的谐音。《通俗编·品目》说：“《七修类稿》：‘今詈人曰王八，或云忘八之讹。言忘孝、弟、忠、信、礼、义、廉、耻。’”“忘八”便是八项德行中缺最后一项即无“耻”了。

而在民间，“王八”更被经常地指向一种动物，即乌龟，尤其是丢脸的人。如明代郭勋编的《雍熙乐府》中有一首《叨叨令兼折桂令》，就将“龟儿”和“王八”连在一块，用来指同一种人：“虾儿腰，龟儿辈，玉连环系不起香罗带；脊儿高，绞儿细，绿茸毛生就的王八盖。”

《史记·龟策列传》载：“能得名龟者，财物归之，家必大富至千万。一曰北斗龟，二曰南辰龟，三曰五星龟，四曰八凤龟，五曰二十八宿龟，六曰日月龟，七曰九洲龟，八曰王龟。”这篇由西汉史学家褚少孙增补的《龟策列传》中，作者根据远古时代三王、五帝以“神龟”和蓍草卜筮的传说，将“神龟”分为八种，第八种名为“王龟”。于是，后人便将这列在第八位的“王龟”简称为“王八”。久而久之，“王八”也就成了乌龟的别名。

前蜀主王建为自己雕的石像是后人能看到的中国古代唯一的皇帝真容雕像。

乌龟、王八、无耻一旦牵连到一起，于是“乌龟”又最终跌进了妓院——天下最没有羞耻的地方。指挥妓女应召陪客的假母习称老鸨，她的丈夫就被称为“乌龟”、“龟奴”。妓女日常和嫖客们打情骂俏，搂搂抱抱，而这个时候，老鸨的丈夫只能躲到一边去。后来推而广之，大家就把所有那些妻子红杏出墙的丈夫，都称为“乌龟”、“王八”了。

知识链接

妻子红杏出墙的人为何又被称为“戴绿头巾”、“戴绿帽子”呢?

“绿”在中国古代的颜色等级上最低。在唐代,官吏有袍,品级最低者即是“绿”色。六品、七品官着绿服,八品、九品官穿青服。白居易的《怀微之》有诗句曰:“分手各抛沧海畔,折腰俱老绿衫中。”形容仕途坎坷,人老首白仍屈身于低微的绿衫行列中,可以为证。也正因为“绿”为低贱之色,唐代李封在当延陵令时,“吏人有罪,不加杖罚,但令裹碧绿以辱之,随所犯轻重以定日数”。

以“巾”而论,它的起源甚早。清代翟灏在《通俗编》卷十二里指出,远在春秋时代,“有货妻女求食者,绿巾裹头,以别贵贱”。但直到东汉,它都是平民或贱民们的专属冠饰。由“巾”而发展出类似的冠饰,如汉代的“帻”、唐代的“幞头”等。唐代颜师古在注解《汉书·东方朔传》中提到“绿帻”时,亦曰:“绿帻,贱人之服也。”

戴幞头的唐人

因此,东汉以前,士大夫阶级所戴的乃是“冠”,而“巾”只能用于平民或贱民,当时的“绿头巾”就已是娼妓之家的专属。

元朝至元五年(1339)颁布的《元典章》,规定“娼妓穿著紫皂衫子,戴角冠儿。娼妓之家长并亲属男子裹青头巾”。明代显然继承了元制,郎瑛《七修类稿》中“绿头巾”条说绿头巾“今则深于乐人耳”。当时的乐户乃是一种半妓半伶的低贱职业,规定她们只能戴绿色的头巾,因而“绿头巾”遂成了低贱的娼妓式记号。红杏出墙的妻子,当然也就相当于加入到这种“绿头巾”的行业中,俨然像“龟奴”、“王八”般戴上了绿帽子。

11 为什么我们常说待人要懂得“礼貌”？

我们平时常常说到的“礼貌”，指的是人们在与他人交往过程中应当遵守礼仪和规范，包括交往、交际中应有的程序、方式、容貌、风度和言谈等等方面的具体要求。不同的国家、民族，不同的时代、社会对礼貌的要求是不尽相同的。在有的地方被认为礼貌的言行在另一个地方却可能被认为不合适。不过，“礼貌”的最基本要求古今都是共通的，即待人诚恳、和善，谦恭而有分寸。“礼貌”不是“客套”，讲究相互尊重、表里如一。中国号称礼义之邦，自古以来就非常重视礼貌的问题。

在中国古代，“礼”指敬神，引申为恭敬。如《左传·僖公二十六年》：“（重耳）及郑，郑文公亦不礼焉。”“貌”指容色和顺。《论语·乡党》：“（孔子）见冕者与瞽者，虽亵必以貌。”“礼貌”即指对人恭敬、仪容和顺，简称“礼”。

在古代社会，礼是典章制度、礼节仪式和道德行为规范的总称。历代统治阶级及其思想家，为巩固、维护社会等级秩序，都赋予“礼”重要的伦理内容，“礼”也是立身为人的重要标准。孔子说：“不学礼，无以立。”要求人们对于有害于社会等级秩序的非礼之举，不要看，不要听，不要讲，不要做，即“非礼勿视，非礼勿听，非礼勿言，非礼勿动”。要人们按照礼的要求，严格地约束自己的言行。

管仲最早提出把礼作为最高道德准则。他把“礼义廉耻”定为“国之四维”，而“礼”列为四维之首。后来，管仲学派把礼看成一种等级秩序，对不同社会地位的人分别提出不同的礼貌（道德）要求：“为人君者，中正而无私；为人臣者，忠信而不党；为人父者，慈惠以教；为人子者，孝悌以肃；为人兄者，宽裕以诲；为人

弟者，比顺以敬；为人夫者，敦蒙以固；为人妻者，劝勉以贞。”（《管子·五辅》）

礼（貌）因此成了中国文化中最根本的道德范畴。在几千年的教化过程中，国人潜移默化地形成了把有礼貌作为待人接物重要原则的习惯，衡量一举一动是否得当的标准常常就是“礼貌”。

讲“礼貌”是人类文明发展的结晶，反映了人与人之间相互尊重、友好合作的关系，有助于避免和减少一些不必要的个人冲突。倡导人们养成讲“礼貌”的好习惯，也是当今建设和谐社会的一个前提和重要保证。

知识链接

为什么请客的一方称为“做东”？

《儒林外史》第十三回中叙述到，为了帮助朋友蘧公孙，“马二先生做东，大盘大碗请差人吃着，商议此事”（指舍财消灾）。这里“做东”是请客的意思。“东”字除表示方位外，还可以作“主人”讲。在《礼记》中的《曲礼篇》记载：“主人就东阶，客就西阶，客若降等，则就主人之阶。主人固辞，然后客复就西阶。”从有关主客之间礼仪的规定中，可以看到“东”位就是代表主人。

《左传·僖公三十年》记载了春秋时期秦国攻打郑国，郑文公以供应秦国后勤物资为由请求撤兵，他派烛之武对秦穆公说：如果秦不灭掉郑国，而让它成为东方道上的主人，秦国使者来来往往中缺乏资财食用，就可以由郑国来供应，这样做对秦国有利无害。后来秦果然撤军，“舍郑以东道为主”。因郑国在秦国东面，故称东道国。后来“东道主”便成了一个固定的名词，我们平常所说的“房东”、“股东”、“东家”、“做东”等，其实都是从“烛之武退秦师”一事中的“东道主”一词演化而来的。

12 “天伦之乐”指哪种快乐？

李白在《春夜宴从弟桃李园序》中说：“会桃李之芳园，序天伦之乐事。”提到了天伦之乐。什么是天伦呢？《穀梁传·隐公元年》说：“兄弟，天伦也。”兄先弟后，天然伦次，所以称兄弟为天伦。后来也泛指父子、兄弟等亲朋好友关系为天伦。在儒家思想中，仁、义、礼、智、信（五常）代表了社会道德的行为准则，是支撑社会发展的思想意识。儒家里的“五伦”包括孝敬父母、友爱兄弟姐妹、夫妇循礼、对朋友忠诚宽容、同道相谋（君仁臣忠）。尽天伦之乐，指的应该是父母、兄弟、夫妻、朋友（君臣）之间按照儒家的道德标准和睦相处，感受其中的快乐。

这种快乐，主要来自分享。父母、兄弟姐妹、儿孙、晚辈、家族亲友只有相互倾听，真诚理解，分享亲情、友情、爱情，才会有欢聚一堂，其乐融融的场景。共享天伦之乐是每个中国人所期盼的。天伦之乐是维系亲情的纽带，是传承情感的基石。无论时代如何变迁，天伦之乐都会因人的代代相承而永存。在新的时代中，它还升华为一种新的目标，被赋予了家庭、社会、国家三重和谐的新的使命。《辞源》解释“天伦”的另一含义是“自然的道理”，如《庄子·刻意》说的“一之精通，合于天伦”。这种家庭、社会、国家和谐的同一快乐不正是合于“自然的道理”吗？

知识链接

“五福临门”是哪“五福”临门？

中国人总爱讨个喜庆吉利。新春佳节来临，亲朋好友彼此间道贺致喜之际，经常爱把“五福临门”、“三羊（阳）开泰”一类的吉祥话语挂在口头嘴边。但要问起“五福”的具体所指，可能多数人都会感到茫然。

“五福”的说法，源出于《尚书》的《洪范》篇：“五福，一曰寿，二曰富，二曰康宁，四曰攸好德，五曰考终命。”第一福是“长寿”，命不夭折而且福寿绵长；第二福是“富贵”，钱财富足而且地位尊贵；第三福是“康宁”，身体健康而且心灵安宁；第四福是“好德”，生性仁善而且宽厚宁静；第五福是“善终”，生命即将结束时，无病无灾，没有牵挂和烦恼，安详自在地离开人世。

玉雕五福临门

生活中人们难免会遇到一些麻烦。例如，有的人虽然一生长寿却大半辈子贫穷度日，有的人家财万贯而健康状况不妙，有的人虽然健康安闲却不得长寿，有的人虽然善良乐施而最后却不能“善终”……种种人生境遇，难以枚举。因此，只有“五福”全部临门才是十全十美的，其余的种种情况都是美中不足，是有缺陷的福气。显然，“五福”的说法寄寓了人们对一种能够设想到的幸福完美人生的无限憧憬之情。

13 李清照“打马”玩的是一种什么游戏？

“打马”是宋代女词人李清照在前人基础上重新设计出来的一种掷骰行马的游戏。有人考证出，“打马”就是麻将的前身，是当时十分流行的一种博戏。李清照酷爱这种博戏，专门为之做赋，还用图文并茂的方式对“打马”的规则做了记录。据她的《打马图经》介绍，宋代博戏中的“采选、打马，特为闺房雅戏”。打马有一将十马的关西马和二十马无将的依经马，后者为她“独爱，因取其赏罚互度，每事作数语，随事附见，使儿辈图之”。前者与糅合二者产生的宣和马今已失传。根据《打马图经》的规定，参加游戏者限制在五人以下，人多常出现本采交错，喧闹嘈杂，不容易玩好。掷出本采之后，各人执 20 枚叫“马”的棋子，形状与今天象棋子差不多。轮流掷采，都从起点“赤岸驿”向目标（终点）“尚乘局”进发。在和象棋盘完全一样的棋盘上，每隔 8 步设置一“窝”，过“函谷关”窝时必须叠成 15 马开路才可通过。在终点前还设有 5 个“夹”和 1 个“堑”。谁的 20 匹马最先到“尚乘局”，谁就是赢家。进入或越过终点，有不同的奖赏。“打马”前进时，后面的马追上前面敌方的马而处于同一位置时，可以以多击少，将对方的马打下。如果敌方的马进了“窝”，就不能打了。通过“函谷关”之后，马少的一方不能超越马多的一方，这就要求各方必须协调马群以形成优势，以免被对方的马打下。被打下的马，只有等到自己的马重新上场完毕之后才能进入运行线路。这种游戏规则复杂，比较适合文人。“打马”由于操作较麻烦，如果手气不佳，骰点不好，往往

作叶子戏

下完一盘棋要耗费不少时光，所以人们玩“打马”游戏的积极性受到影响，到元明之际，就逐渐失传了，这是才子型游戏的缺陷。李清照自述“予性喜博，凡所谓博者皆耽之昼夜，每忘寝食”，通宵打马博戏是李清照的一大爱好。“业精于勤”，自然臻于“精而已”的地步。对于她这样的天才女子来说，在当时要找一个匹敌的“打马”对手，恐怕真是太难了。今天即使把这种费时费事，技巧性很强的“打马”整理出来，也是难得找到和她一样的“闺房雅戏”专家。难怪她很自负地说：“使千万世后，知命辞打马，始自易安居士也。”

知识链接

“打马掉”和“看竹”是同一种游戏吗？

明朝万历年间，在吴中地区兴起一种新的叶子戏——马掉。马掉，又称“马掉脚”，俗作“马吊”。清人汪师韩曾说，打马掉牌时，必须四人打，分成四垒，各自为战，若缺一个就像马失掉一足一样不可行，所以名“马掉脚”。冯梦龙的《马吊脚例》、潘之恒的《叶子谱》就是关于“马掉”的专著。马掉牌为长方形，其长、宽都比后代的纸牌略长一些。分十字、万字、索子、文钱四门，共40张。每人摸8张，剩下的8张牌放在中间。四人用骰子的点数推举出相当于“庄家”的“主将”，其他三人则联合起来与主将斗。若主将赢，则继续连任，输则让位于下家。

马掉牌到清代演变成麻雀牌，后来与象牙制成的宣和牌相结合，又变为盛行至今的“麻将牌”。“麻”字可能是马掉之“马”字的音转。“将”字是因为玩法规定一副牌中，两张同样的牌组成的对子叫“将”牌。二者合之，就有了“麻

叶子牌中的“索子”和“万字”

将”之称。麻将牌最初为纸质，后来变为主要用木、骨、象牙等材料制作，逐渐风行全国了。

打麻将又叫“看竹”。同治三年(1846)，陈鱼门将麻将纸牌改为竹牌，形成流行的一百三十六张一副的麻将牌。另外，《世说新语·任诞》记王羲之的儿子王徽之爱竹，暂住他宅时也要让人种竹，说：“何可一日无此君。”清代社会上盛行方城大战后，麻将就得了个“竹林戏”的佳名，打麻将于是被每日陶醉其中不能自拔者呼为“看竹”。连慈禧太后都变成了“看竹”的常客，陪同她玩的多是亲王、郡王的夫人(福晋)和皇族的小姐(格格)们。

14 “乌龙球”中的“乌龙”是什么意思？

“乌龙球”源于英语的“own goal”一词，意为“自进本方球门的球”，香港球迷根据这个单词的发音，将其称为“乌龙球”。乌龙球的成语说法是“自摆乌龙”，它源于广东的一个民间传说：久旱之时，人们祈求青龙降下甘露，以滋润万物，谁知青龙未至，乌龙现身，反而给人们带来了灾难。“摆乌龙”引用到足球赛场上，指本方球员误打误撞，将球弄入自家大门，不仅不得分，反而失分，这与民间传说的主旨十分吻合。大约在上个世纪六七十年代，香港记者便在报道中以“乌龙”来翻译“own goal”，从语言的角度说，粤语“乌龙”有“搞错、乌里巴涂”等意思，该词发音与英语“own goal”相近。世界足坛上乌龙球之最可以追溯到1977年1月3日，在主裁判吹响开场哨之后，剑桥联队球员克鲁斯不假思索地一记大脚球回传门将，正在作准备动作的门将猝不及防，眼睁睁地看着皮球滚进了自家的大门。此时此刻，整场比赛仅仅进行了4秒钟。对于悬念叠生的足球比赛，适时的乌龙球恰如增鲜的味精一样让球迷大饱眼福，然而对于一时不慎“搞错”的球员来说，他们极有可能为自己的疏忽付出沉重的代价。

知识链接

唐人热衷的“击鞠”“打球”是一种什么球类运动？

马球，史称“击鞠”、“击球”或“打球”等，玩者骑在马背上，以球杖击球入球门。关于马球的起源有不同的说法：一种观点认为它来自波斯，古时称为“波罗球”（即今英文名 Polo）；另一种说法则认为马球起源于吐蕃。三国时曹植的《名都篇》诗曰：“连骑击鞠壤，巧捷推万端”，说明至少在汉末马球已经存在了。马球盛行于唐宋元三代，至清代始湮没。马球中所用的球为木质，有拳头大小，内中挖空，外描彩色。球杖称“鞠杖”，是一个木质或藤质的数尺长柄，杖头一端为弯月形，外裹一层兽皮。打马球，必须要有强壮的身体，机智勇敢，骑术精湛，同时还要有一匹好马。即使在今天，这种运动也是所有运动当中最昂贵的一项，所以唐朝的马球首先是一种皇家的玩意。据文献记载，唐代的历朝皇帝如中宗、玄宗、穆宗、敬宗、宣宗、僖宗、昭宗都是马球运动的热心参与者和提倡者。在飞驰的马背上挥舞球杖，与骑兵在马背上砍杀的动作有些类似，因此爱打马球的唐玄宗登基之后，就把马球引入军队中，规定从军者须要练习马球，《封氏闻见记》就有“打球乃军州常戏”的说法。在对外文化交流中，马球也发挥了重要作用。当时唐王朝相邻的渤海、高丽、日本等国都有与唐皇室进行马球竞技的活动。这些现象可以使人确信，唐朝时马球已经是一种

马球竞技图壁画

明人临《宋人击球图》

流行广泛的运动，称得上唐朝第一运动。韩愈给张建封的那首《汴泗交流赠张仆射》诗，生动描写了马球手精湛的球技和场上的热烈气氛："侧身转臂著马腹，霹雳应手神珠驰"、"百马攒蹄近相映"、"欢声四合壮士呼"。最有趣的是喜欢击球的唐僖宗以马球赌三川的故事。西川节度使的位置空出来之后，宦官田令孜一下子向唐僖宗推荐了陈敬瑄、杨师立、牛勖、罗元杲等四个人，而此四人又全是田令孜的心腹。本来就有些呆傻的僖宗，一时犯起难来，不知道在四人中间选哪一个好。最后他想出一个好办法：让他们到球场上去打球，谁赢谁做节度使。结果陈敬瑄获得头筹，得到了西川节度使一职。

15 拔河是群众喜爱的运动，它本是大家在拉扯绳索，为什么却定名为"拔河"？

拔河，是以人数相等的双方对拉一根粗绳来较量力量强弱的一种对抗性体育娱乐活动。这种活动在我国有悠久的历史，到唐代达到最兴盛的时期。这种竞技何时定名为"拔河"，一般多认为始于唐代。而争议较多的是：拔河之名缘何而起？这个取名包含什么特别的历史信息呢？

有人认为它的取名是对当年楚人水上教战传统的溯源，这方面有两种解释：一是判断胜负使用的标志为界旗充当的“河”，即“载立长旗，居中作程”，将绳索拉过河界，就是拔过了“河”；二是以绳索中心的标志为“河”，胜者就是把“河”拔了过来。可见“拔河”是对竞赛规则的形象表述。现代广西仫佬族的拔河就将中界线叫做“界河”。

第二种看法认为拔河之名或许受到项羽“力拔山兮气盖世”壮语的影响，以此名形容拔河时“挽者千余人，喧呼动地，观者莫不震骇”（《唐语林》）的磅礴气势。唐薛胜《拔河赋》“超拔山兮力不竭，信大国之壮观哉！”就是对拔河本义的概括。

第三种看法认为“拔河”来源于人们祈求丰年的一种仪式。唐玄宗《观拔河俗戏诗并序》生动地描绘了拔河的情景，诗和序云：“俗传此戏，必致丰年。故命兆军，以求岁稔。壮徒桓贾勇，拔拒抵长河……”《隋书·地理志》介绍荆襄地区拔河习俗时亦称：“俗云以此厌胜，致丰穰。”从它一般在春季进行看，直接目的是对雨水的祈求，故“拔河”的本义当是挽拔“天河”使之倒灌。古人举行拔河时“喧呼动地，观者莫不震骇”，目的就是展示人力回天的巨大力量。武则天当朝时的大臣张说《拔河》诗云：“长绳系日住，贯索挽长河……春来百种戏，天意在宜秋。”大致点出了这一习俗及其命名的真谛。

知识链接

拔河为什么又叫“牵钩”？

拔河运动古时称“牵钩”，亦称“强钩”或“拖钩”。它起源于春秋战国时期对水军的军事操训活动。据《墨子·鲁问》记载，鲁班在楚国游历时，给楚国设计制造了一种在战船上进行水战的兵器，叫做“钩强”（《太平御览》作“钩拒”），能在敌船败退时钩住敌船，使其不能逃脱；敌船前进时，又可用“钩强”抵住对方，使其不得靠近。“牵钩”的“牵”是拉的意思，钩指钩拒。这项运动的目的，就是用来训练水军战士在作战时钩拉或强拒的能力，故称之为“牵钩”。

拖钩雅戏

当时，楚国在训练水军时，用薄竹片劈成细条做成的篾绳代替长钩。士兵被分成两队，各执篾绳的一端进行对拉。其后，这种钩拉敌舟的战术操练又从水上移到岸上，基本动作从“退则钩之，进者强之”演变为单一的“钩”，即“拖”、“牵”的技巧，进而演绎成一种民间竞技项目。最初它仅在长江中下游楚国故地一代流行，以后又传到北方，并成为元宵节和清明节的娱乐活动。

唐朝时牵钩已改名拔河。拔河的器材改为一条长四五十丈长的麻绳，大绳中间立一面大旗为界。比赛时由人数相等的两个队各执绳的一端，双方用力对拉，观众擂鼓助威，以把对方拉过旗界为胜，这与现代的拔河比赛方法已差不多。拔河形式上与今天不太一样的是绳索上的花样：今天拔河是单独一根绳子，而古代所用的绳子是在一条大绳子两头分系数百条小绳。所以，古代的拔河人数要比现代多很多，场面更大，更热闹，使得长安欣赏比赛的外国友人都叹为观止。

拔河在唐代深受各个阶层喜爱，还出现了女子拔河。景龙二年(708)，唐中宗曾率领满朝文武大臣在玄武门观看宫女拔河比赛。次年，他又兴致勃勃地让几百名宫女在玄武门外举行拔河比赛，赛完后还恩准她们去游宫市，结果几百名宫女都乘机逃跑了。

16 喜欢跟人争斗较劲的人为什么常被说成是像好斗的公鸡呢?

在家畜当中,人们饲养的鸡鸭狗牛等动物太多以后,因觅食求偶等引发的自然性争斗,以公鸡居多,所以好与别人争斗较劲的人常被比喻作“好斗的公鸡”。斗鸡是我国非常古老的观赏性消闲娱乐。相传夏朝第七代皇帝少康年轻时就喂养斗鸡,迄今已经有四千多年的历史了。《列子·黄帝篇》记载了纪渻子为周宣王养斗鸡,把自然好斗的鸡引向人工培训。经过40天的训练,望之有如木鸡,别的鸡不敢斗它,说明古代早有将鸡训练有素的专职训鸡师。从春秋战国至盛唐时期,诸王、贵族、世家倾家荡产饲养斗鸡,都市、乡陌男女以养鸡为事,民间尤以斗鸡为乐。那些王公贵族们不光要比金钱权利,有时还要靠鸡争口气才行,甚至于因为斗鸡而引发皇室矛盾,也是常有的事情。春秋末年,

汉代斗鸡纹肖形印拓本

明刊本《顾仲方咏图谱》中斗鸡图

鲁季平子与郈昭伯以斗鸡而得罪于鲁昭公，竟互相打起架来。唐高宗时期，亲王、大员们酷爱斗鸡活动。一次沛王与英王在群鸡会战中争斗犹酣，为了声讨英王的斗鸡，诗人王勃专门为沛王写了一篇檄文，道："两雄不堪并立，一啄何敢自妄？……羽书捷至，惊闻鹅鸭之声；血战功成，快睹鹰鹯之逐。"当时王勃名列初唐四杰，风头一时无两，而这篇檄文则惊天地、泣鬼神，当即就把英王气得要死。昔日的皇家兄弟几乎因此反目成仇，不得不靠高宗居中调停才能了事。高宗一怒之下将檄文作者王勃罢官去职，贬成了闲人。

知识链接

古人好以斗蟋蟀为乐，为何蟋蟀、蛐蛐叫"促织"？

斗蟋蟀在各种斗戏中兴起较晚，但于东方文化之影响，却最大、最普遍，以致古代有"蟋蟀宰相"（"虫相"贾似道）、"蟋蟀皇帝"（宣德皇帝），而今又有"蟋蟀协会"、蟋蟀学家，成为古往今来，千百万人所雅好的游艺活动之一。蒲松龄的短篇小说《促织》被选入中学课本多年，凡是看过成名因小虫而命运沉浮故事的人，没有不知道促织就是蟋蟀、蛐蛐儿的。但为什么叫促织呢？众人对该词讳莫如深的悬置，造成它的晦涩难懂，该不会是舶来品吧？有人说魏晋时代，已有"促织"之称（古诗十九首之七"明月皎夜光，促织鸣东壁"），又叫"趋织"。其得名，缘于它的鸣叫之声。从训诂的角度看，"促织"、"趋织"、"蛐蛐"，都是同音转化而来的。促织的鸣叫像"蛐蛐"，民间乃有"蛐蛐"儿之称，这是勿庸置疑的。但将取名反推到"促织"上却比较牵强。查《诗经·七月》篇，云："七月在野，八月在宇，九月在户，十月蟋蟀入我床下。"又有谚语曰：促织鸣，懒妇惊。蟋蟀是避寒趋暖的昆虫，秋凉后钻进别人的床下，发出"蛐——蛐——"的叫声，就好像提示人家：天气冷了，女人应该赶快织布做衣，以预备过冬之需，不然北风吹，大雪飘，一家子大大小小穿什么？所以"促织"是催促织布的意思。古人给蟋蟀如此取名，就跟将星宿中的两颗命名为牵牛、织女一样，寄寓了农业文明中以男耕女织为主的中国人，习惯按部就班的生活观。他们一年的生活都按季节安排。妇女一听到蟋蟀的叫声，就应该知道秋日已到，抓紧时间纺织，赶制冬衣，以抵御寒冷。这便是“促织”一名的由来了。

17 体育竞赛中“冠军”、“亚军”、“季军”的称呼是怎样来的？

大家都知道，在体育竞赛活动中成绩最佳者称“冠军”，第二名称“亚军”，第三名为“季军”。这种称呼是怎样来的呢？

早在公元前209年，中国历史上爆发第一次大规模农民起义以后，“冠军”一词就应运而生了。当时楚国有一位反抗暴秦统治的大将宋义，作战英勇，威风凛凛，秦兵屡屡败于他的手下。由于他战功赫赫，位居诸将之上，于是楚怀王封他为“上将军”，楚军诸将士称他为“卿子冠军”（见《史记·项羽本纪》）。裴骃《史记集解》引文颖的话说：“卿子，时人相褒尊之辞，犹言公子也。上将，故言冠军。”这是历史上第一个荣获“冠军”称号的人。

到汉代，“冠军”一词继续沿用。据《汉书·霍去病传》记载，霍去病因战功官拜骠骑将军，封“冠军侯”。汉代以后，战功卓著的武将也都采用“冠军”作为官衔。从魏晋迄南北朝各代，都设有“冠军将军”，唐朝有“冠军大将军”的官衔。一直到清朝，护卫帝王的銮仪卫及旗手卫的首领，也称为“冠军使”。

亚军的“亚”与古代“亚圣”、“亚父”诸称中的“亚”同义。学者称孔子为“至圣”，称孟子为“亚圣”。《史记·项羽本纪》中有：“亚父南向坐，亚父者，范增也。”这是因为项羽很尊敬范增，把范增认作仅次于生父的长者。由于“亚”是“次一等”的意思，亚军也就是低于冠军的优胜者。

季军，指名次低于冠军、亚军的优胜者，是指竞赛的第三名。

在旧历中，春季的三个月分别叫孟春、仲春和季春。

现在，冠军、亚军等词在体育竞赛、文娱游艺等活动中得到广泛应用。

知识链接

“勇冠三军”说的是哪三军？

提起“三军”，现代人普遍的概念是指陆、海、空三军。实际上，古代文化中“三军”说法最早起源于春秋时期，与现代陆、海、空三军在实质意义上相去甚远。

唐代步骑甲士

春秋时，大国通常都设三军，但各国称谓有所区别，如晋国称上军、中军、下军；楚国称左军、中军、右军；齐国、鲁国和吴国都称上、中、下三军。三军包括步、车、骑三种兵种。三军各设将、佐等军衔，而中军将则是三军统帅。随着时代演进，上、中、下军渐渐被前军、中军、后军所代替。唐宋以后，这样的编制已成为军队的固定建制。这时三军主要是担任不同作战任务的各种部队。前军是先锋部队；中军是主将统率的部队，也是主力；后军主要担任掩护和警戒任务。

在中国古代的军队中，最大的编制单位是军。军的编制，历代沿袭，但人数多少不一样。周代天子六军，诸侯大国三军，一军为一万二千五百人。汉代实行五人一伍，二伍为火，五火为队，二队为官，二官为曲，二曲为部，二部为校，二校为裨，二裨为军的编制。今天，前军、中军、后军编制已完全消亡，而被现代的陆、海、空三军所替代。

18 竞技体育比赛为什么有"锦标赛"之称？

竞技体育的比赛，大致有以下几种主要形式：杯赛、联赛、拉力赛、锦标赛。杯赛的冠军当然要获得最高等级的奖杯（一般为金杯），其他几种比赛形式虽然不叫杯赛，但前三名获得的奖品一般也是奖杯。不过在最初的"锦标赛"上，优胜者得到的奖品却不是杯，而是货真价实的"锦标"。

"锦标"一词，最早使用于唐代，是当时最盛大的体育比赛——（龙舟）竞渡的取胜标志。春秋战国以后，竞渡逐渐形成一项民间体育活动，每年都会举办划船竞渡活动，时间不定。这一古老的活动大约在唐代开始，才统一在端午节举行。不但民间组织，官方也大力提倡。一到端午日，官府就赐给竞渡组织青绸缎，并为龙舟比赛设置了"锦标"——在终点竖一竹竿，竿上缠锦挂彩，鲜艳夺目，时称之为"锦标"，亦名"彩标"。竞渡船只首先夺取锦标者为胜，故这一竞赛又称为"夺标"。这样一来，龙舟赛变成了一项紧张激烈、扣人心弦的游戏比赛。宋代以后，夺标成为竞渡的法定规则，一直沿用到明、清而不变。这种夺取"锦标"的比赛就是现在体育赛事中"锦标赛"的由来。

唐始设的"锦标"还和当时的状元奇妙地联姻。五代时王定

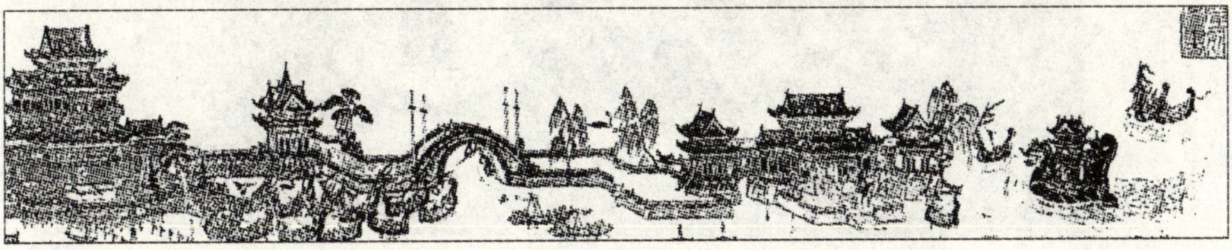

元王振鹏《金明池争标图》

《金明争标图》中的"水秋千"

保《唐摭言》卷三记载：唐卢肇与同郡黄颇齐名，两人一同赶考，因肇贫颇富，当地刺史只为黄颇饯行。第二年，卢肇考中状元，衣锦还乡。刺史率众十里相迎，宴请卢肇观看划船比赛。席间，卢肇即兴赋诗道："向道是龙君不信，果然衔得锦标归。"诗中把自己状元及第比作竞渡的夺标，语意双关。众官读罢，无不汗颜。因为这首诗，卢肇就获得了"锦标状元"的雅号。

知识链接

"相扑"的起源

"相扑"是我国传统的体育项目之一，古称"角抵"、"争交"。据说最早起于古冀州的"蚩尤戏"。蚩尤"头有角，与轩辕斗，以

北周相扑图壁画

角抵人”（梁任昉《述异记》）。不言而喻，“蚩尤戏”带有武力竞争的色彩。到晋代，角抵有了“相扑”的别称，《太平御览》曾引《晋书》说：“襄城太守责功曹刘子笃曰：‘卿郡人不如颍川人相扑。’”唐代也流行相扑。到宋代，相扑发展到鼎盛，不但是宋代朝廷宴会上的表演节目，同时也是城市瓦子（城市中的综合性游乐场）中最受群众欢迎的娱乐活动之一。宋人高承著的《事物纪原》卷九说：“角抵，今相扑也。”当时有了署名调露子的相扑专著《角力记》问世。《武林旧事》载，南宋时，临安有相扑者的组织，叫“角抵社”，职业相扑手竟有50多名。从《水浒传》七十四回“燕青智扑擎天柱”的描写可以窥见宋人相扑的盛况。这次相扑是在泰安东岳庙里举行的，观看者成千上万，连屋脊上都坐满了。燕青和任原的相扑过程，使我们了解到相扑有一套扑法、路数，像燕青的穿、跃、旋，任原的奔、转、换即是。任原被摔败，“利物”应归燕青。据任原

白描相扑图

明刊本《水浒全传》燕青与高俅相扑的场面

所述，它来自“四百座军州，七千余县治”。如此众多的州县，名为“恭敬圣帝”奉上“利物”，实际是以丰厚物品奖励相扑的优胜者。这反映出相扑已成为大众喜爱的活动。有趣的是当时还有女子相扑手上场角胜，知名的有赛关索、嚣三娘、黑四姐等人。她们的装束可能与男子差不多，肢体裸露，因此一些文人很看不惯。北宋时司马光特地写了《论上元会妇人相扑状》提出反对意见，要求禁止“妇人裸戏于前”。不过由于这种表演合乎市民的口胃，在南宋时仍然流行于瓦肆之中。据《日本书记》载，日本的相扑是奈良时代（710—794）从中国传入的，两者有许多相似之处：都有专门表演的戏台，有裁判站在旁边；演员都要喝“神水”，等等，从中可以看到中国的相扑给予日本以很大影响。另载，日本历史上第一次相扑竞赛开始于垂仁天皇统治时期的第7年第7个月。因为这个传说的缘故，每年7月成为日本全国举办相扑节的固定时间。

19 为什么围棋的棋子只有黑白两色？

被人们形象地比喻为黑白世界的围棋，自古以来就是中国人喜爱的娱乐游艺活动。其起源很早，在所有棋类中可以说是鼻祖，相传在尧舜禹时就发明了，至今已有4000多年的历史。在当时，由于掠夺土地，争夺人口的战争十分频繁，而围棋以围地为目的，行棋过程中互相攻略，两者有许多相似的地方，因此围棋成为贵族教育子弟军事知识的有效手段，很快得到发展。

围棋多为两人对局，有对子局和让子局之分。前者执黑子先行，后者上手执白子先行。开局后，双方在棋盘的交叉点轮流下子，一步棋只准下一子，下子后不再移动位置。围棋下法复杂多变，通常分布局、中盘、收官三阶段。终局时将实有空位和子数相加计算，多者为胜，也有单记实有空位的。现今围棋盘 19 道棋局，大约形成于汉魏时期。

围棋棋子只有黑、白两色。中国体育博物馆藏有唐代黑白圆形围棋子，淮安宋代杨公佐墓出土的 50 枚圆形棋子也是黑白两色。棋子一般黑白各 150 枚，通常为圆形扁片，一面凸或两面凸均可。黑白棋子分别代表着阴、阳。阴阳最初的含意是指冷和热，后来又具有了抽象意义，可表示黑暗与光明，还代表男性和女性。棋子相交，千变万化，又合“阴阳之道”。围棋的圆形棋子代表天，方形棋盘代表地。古代太极图的黑白相反对称结构暗示宇宙阴阳的变化和自然永不休止的运动。“太极图”这种上古的思维方式在围棋这一游艺项目中也得到了体现。总之，小小一盘围棋，把天地阴阳动静变化等的道理简洁明了地包含在内了。

唐代《仕女弈棋图》

知识链接

围棋的等级、别名

中国古代围棋很早就有了等级制度。晋代葛洪《抱朴子》说：“故善围棋之无比者，则谓之‘棋圣’。”棋圣是中国古代给棋艺家的最高荣誉。东汉初期桓谭所著的《新论》，将棋手分为上、中、下三等。汉末三国时期，围棋更加蓬勃发展，高手不断涌现，如严子卿、马绥明等被称为“棋圣”。《说郛》引魏邯郸淳《艺经·棋品》说：“夫围棋之品有九：一曰入神；二曰坐照；三曰具体；四曰通幽；五曰用智；六曰小巧；七曰斗力；八曰若愚；九曰守拙。”南北朝时南朝的统治者爱好围棋，设立围棋州邑，还有大中正、

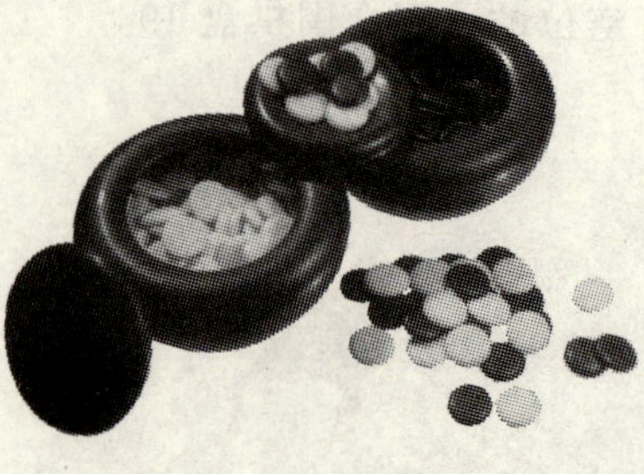

明围棋

剔红围棋人物盒

小中正的官职，成为实行围棋九品制的管理机构。据《南史·柳恽传》记载：“梁武帝好弈棋，使恽品定棋谱，登格者二百七十八人，第其优劣，为《棋品》三卷，恽为第二焉。”这是中国围棋史上一次规模最大的评定棋艺的盛会。从唐代开始，推行“棋待诏”制，围棋九品制遂不行。不过，这种制度后来流传至日本，却成为日本九段制的根据。围棋有棋待诏，属翰林院，官阶同九品。棋待诏制，从唐初至南宋末，延续了500余年，及至元明时代才名存实亡。

明《对弈图》

从古文献来看，围棋最早被人称为“弈”或“棋”。据说，这是各地方言不同的缘故。北人称“弈”，南人谓“棋”。后来，有人根据下棋时黑白双方总是互相攻击，互相包围的特点，称“下棋”是“围棋”。汉代，围棋已作为一个专用名词出现。东晋高僧支道林与颇负棋名的谢安等人交好，他长期观战，见棋手交锋时缄口不语，手起棋落，意在其中，于是称围棋为“手谈”。稍后，王坦之把弈者正襟危坐、运神凝思时毫无喜怒哀乐表情的那副神态，比作是僧人参禅入定，故又称围棋为“坐隐”。晋代志怪小说中有则故事，说一个叫王质的青年樵夫，入山砍柴，遇见仙者对弈，因在旁边观棋入迷，虽岁移月逝斧柯烂尽犹不自知,待棋罢回到故居方知同辈之人皆已经作古。由于这则故事流传极广,后人遂将“烂柯”戏作围棋的别称。唐代诗人张说曾云:“方若棋局,圆若棋子。”元稹《酬段元丞与诸棋流会宿敝居见赠二十四韵》诗有:“异日玄黄队,今宵黑白棋。”所以后人亦用“方圆”、“黑白”泛指围棋。弈者对垒,“三尺之局兮作战场”,布阵列势,宛若将帅在调动兵马,然而棋子毕竟不是活物,所以竟有称围棋为“鬼阵”者。

20 失势之后重新恢复地位,为什么是东山再起,而不是“西山”“南山”“北山”再起?

公元383年,中国历史上发生了一次著名的以少胜多的战役——淝水之战。当时前秦皇帝苻坚已经统一了中国北方,企图进一步消灭东晋王朝。于是动员了全国的兵力,共计78万大军,号称百万雄师,分水陆两路,向江南发动了进攻。大敌当前,东晋的可用之兵只有8万,力量非常悬殊,晋孝武帝和满朝文武官员人心惶惶,而才器隽秀的谢安,这时却隐居在会稽东山(今浙江上虞境内),“高谢人间,啸咏山林”。直至他的好友、侍中王坦之去东山面请,痛陈社稷危艰,亟需良将谋臣匡扶,谢安才悚忧而起,应召出山。受命于危难之际的谢安,宵衣旰食,调兵遣将,不敢懈怠,最终以成功地指挥了淝水一战的完全胜利而奠定了他千古名相的不世功业,成为历史上著名的政治家、军事家。“东山再起”这一

谢太傅东山丝竹图

妇孺皆知的成语即由此而来,谢安因之也称为"谢东山"。如果当年他复职为相前隐居的不是那个以苍崖浚谷、清幽宁谧享誉的东山,后来流传的成语或许就是什么"西山"、"南山"、"北山"之类他山别峰"再起"了。

知识链接

"加油"一词的来历

报纸上看到一篇挺有趣的文章:《老外眼中最牛"中国元素"竟是"加油"两个字》。老外对加油站的"加油"用在比赛场合十分吃惊,对"加油"能同时用在"中国队加油"和"汶川加油"这两种不同的场合更是感到大惑不解。

作为一个最让外国人啧啧称赞的富有中国元素的词语——"加油"竟然使我们在骄傲之余,似乎忘记了它的原本来历:在历史上第一次汽车拉力赛(1895 年 6 月)上,25 辆各种型号的汽车参加了这次全程 1175 公里的角逐。当赛事进入白热化阶段时,观众的热情异常高涨,他们焦急期待着新的冠军的产生。赛道上,领先跑在最前面的是意大利法拉利车队的 5 号车。在离冠军只有一步之遥的时候,5 号车突然熄火,观众的心一下子提到了嗓子眼上。出事车上,被誉为"赛车之父"的恩佐·法拉利先生连忙问身边的助手,赛车为什么会突然熄火?助手结结巴巴地说:"大概是汽油消耗太多,没……有油了。"法拉利先生闻讯之后勃然大怒,他语无伦次地大声吼道:"你们……加……加油……"四周的观众一听,以为这是法拉利先生对自己车手的一种鼓励方式,于是也都跟着他大叫:"加油"、"加油"。后来,随着体育运动越来越受到人们的喜爱、重视,为赛车手"加油"的这种独特的鼓励方式也逐渐沿用到其他比赛项目上。以"加油"一词(英语 Refueling)呐喊助威,便成为观众参与比赛,对选手进行鞭策鼓励的全世界最流行方式。

21 “文房四宝”指哪四宝?

“文房四宝”之说起于南唐,《南唐书》云:“南唐时推李廷珪墨、澄心堂纸、诸葛氏笔、龙尾砚为文房四宝。”后来有人又称宣纸、湖笔、徽墨、端砚为“文房四宝”。而今“文房四宝”的外延又扩大了,统称用于书画创作的任何笔墨纸砚。

汉砚及墨丸

笔墨纸砚是书写的工具,是文人须臾不可离的。无论吟诗作文,还是挥毫作书画,都离不开笔墨纸砚。历来文人对笔墨纸砚精心选择,一旦得到上品便极为珍视,秘而宝之。米芾有一方紫金研(砚),被苏轼拿去把玩。由于对此砚非常喜欢,苏轼嘱咐其子死后要随葬棺中。后来米芾不知用什么办法收回故物,还煞有介事地说:“传世之物,岂可与清净圆明、本来妙觉真常之性同去住哉!”可见他们对这方宝砚的珍爱。元朝书画大家赵孟頫一边磨墨,一边赋诗,诗云:“古墨轻磨满几香,砚池新浴灿生光。”正是由于笔墨纸砚对文人如此重要,不可或缺,因此才被戏称为“文房四宝”。

韩愈的《毛颖传》说中山人毛颖“为人强记而便敏,自结绳之代,以及秦事,无不纂录”,号“管城子”。“(毛)颖与绛人陈玄、弘

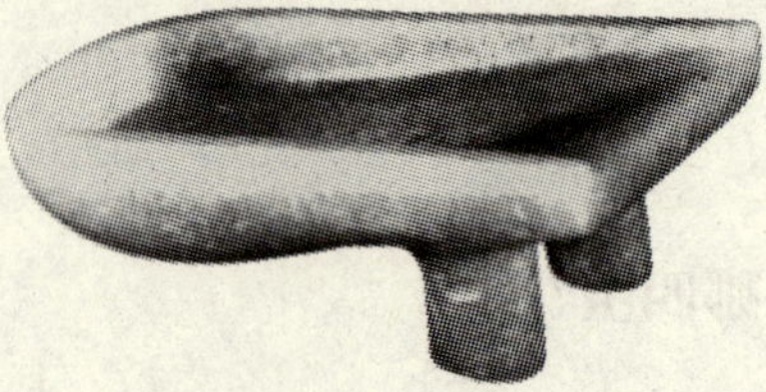
凤字形玉砚

抄手砚

农陶泓，及会稽褚先生友善，相推致，其出处必偕。”由是笔墨纸砚又获得另一种雅称。“毛颖”、“管城子”指笔，“陈玄”指墨，“陶泓”指砚，“褚先生”指纸。这四“人”也是“文房四宝”，不过说法显得更幽默一些。

知识链接

为什么臂搁又叫“竹夫人”？

笔墨纸砚是中国文人用于书画创作的主要工具，但并非全部。文房其他诸宝也是他们经常要用到的，包括：笔筒与笔架、笔洗、笔船，墨架与墨盒、墨床，绢与绫、填纸，砚屏、砚匣，水盂、水滴，书镇、壁尺、腕衬、臂搁、香炉、印章等等。广义上来说，凡是文房、书斋内所使用的，兼备实用性与艺术装饰性的器具，都可以视为文房用具。随着收藏品市场的逐年升温，近年来文房用品也开始大受收藏者的青睐。2005 年，一件清代浅刻竹纹臂搁以 40.7 万元成交。次年，明代著名竹雕大师张希黄的一件“野渡横舟”竹臂搁在嘉德拍出了 165 万元的高价。

臂搁，曾经是古代文房中一件极具欣赏价值的文案用具，可如今很多人却不知道它为何物，有什么用途。臂搁的出现与古人的书写用具和书写方式有密切关系。过去，人们用的是毛笔，书写格式自右向左，稍不留意，衣袖就会沾到字迹。于是，聪明的明代文人们发明了用来搁放手臂的文案用具——臂搁。除了能够防止墨迹沾在衣袖上外，垫着臂搁书写的时候，也会使腕部感到非常舒服，特别是抄写小楷时。

臂搁的称谓是从古代的藏书之所“秘阁”转化而来。大概在纸张发明以前，皇家所藏的图书秘笈大都只是一些刻写有文字的竹木片，而这种藏在秘阁中的竹木片后来也被代称为“秘阁”，故明代用来枕臂的臂搁也沿用了“秘阁”一词。烈日炎炎的夏日，文人墨客们在挥毫泼墨时，将竹质臂搁枕于臂下，一来可防止臂上汗水洇纸，二来由于竹子性凉，有祛暑功效，可得一时清爽，因而也有人把竹臂搁叫做“竹夫人”。当然，长短与镇纸相近的臂搁，也可充当镇纸，压在上面，防止纸轻易被风掀起。

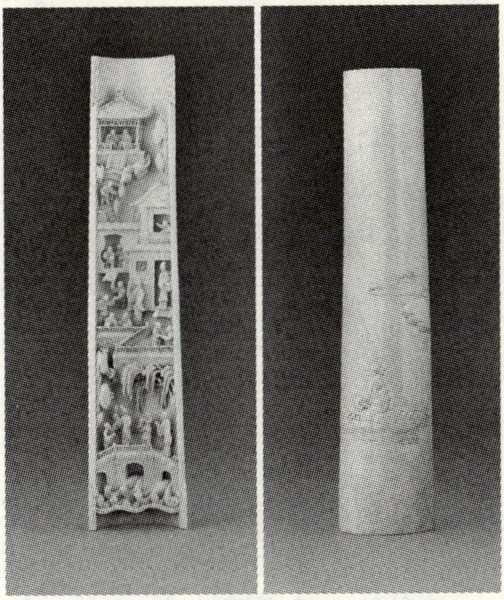

竹臂搁

22 一个人才华枯竭为什么常被说成是“江郎才尽”？

江郎，指南北朝时齐梁时代的文学家江淹（444—505），字文通。他在宋齐梁三朝都做过官。据《诗品》载：“初，淹罢宣城郡，遂宿冶亭，梦一美丈夫，自称郭璞，谓淹曰：‘我有笔在卿（您）处多年矣，可以见还。’淹探囊中，得五色笔以授之。尔后为诗，不复成语，故世传江淹才尽。”这是一段文坛趣话。实际上，江淹之所以“才尽”，在我们今天分析起来决不是什么梦中还笔郭璞，而是中年以后官运亨通、忙于应酬。江淹幼年聪明过人，但是家里很穷。穷则思变，在那个时代，以科举取士，通过刻苦读书考取功名能够改变一些人的命运。有道是：“朝为田舍郎，暮登天子堂”、“十年窗下无人问，一举成名天下知”。这些十分诱人的说法，使得不少读书人对科举趋之若鹜。江淹也同样踏上了这条康庄大道发愤读书，考取了功名。他虽在学业上有很大成就，但仕途不顺，充满坎坷，还住过监狱，又被流放。忧愤出诗人，在这段艰难痛苦的岁月中，他写出过很多著名诗文，如《恨赋》、《别赋》等，文名远播。后来他投奔权臣萧道成，帮助萧灭宋建齐。齐朝建立后，江淹时来运转，先后做过御史中丞、侍中、秘书监。梁代齐后，又任金紫光禄大夫，封醴陵侯，可谓青云直上，后来他耽于高官厚禄，忙于揖让应酬，才思逐渐减退，这样才写不出什么像样的作品，人们便称他是"江郎才尽"。近年来科学家研究发现，许多科学发明和发现以及文学作品的创作往往来自研究者和作者电光石火般的灵感，这说明了梦笔生花确实有一定的科学依据，但灵感不会从天而降，它只会来源于1%的天分加上99%的努力，那些寄希望于天上掉馅饼、期待不劳而获、奉行守株待兔的人只会竹篮打水一场空。

知识链接

"梦笔生花"生出的是什么花？

"梦笔生花"，又有笔梦生花、笔底生花、妙笔生花、笔花入梦等说法。这个典故出自于《南史·纪少瑜传》。纪少瑜是南朝有名的文士，他自幼专攻《六经》，善于谈吐，对答如流，深受当时读书人的钦佩，后来官至东京大学士。相传纪少瑜幼年时，才华并不出众，但是他非常刻苦用功，他的诚心感动了天上的文神。有一天晚上他看书，看着看着就睡着了，梦见著名的文神送给他一支笔，并告诉他用这支笔能够写出最漂亮的文章。纪少瑜梦醒之后，果然在枕边发现一支非比寻常的毛笔。从此，纪少瑜的文章大有长进，终于成了一位著名的作家。这个故事想象力丰富，神话色彩浓厚，推究起来真正让他成功的原因是他的锲而不舍、坚持不懈，最终厚积薄发，由量变到质变。"梦笔生花"也写作"梦笔"，是用来表示才思日进的典故。张孝祥的《鹧鸪天》就用了这个典故："忆昔彤庭望日华，匆匆枯笔梦生花。"所以梦笔生花，生出的是文采。

人们对“梦笔生花”典故的津津乐道、代代相传，加上迁客骚人的因缘附会，推波助澜，即游历名山大川时对大自然鬼斧神工的丰富联想，使得名胜梦笔生花峰应运而生。

梦笔生花坐落于黄山北海景区的散花坞内，海拔1600多米，孤峰耸立。由于孤峰的上部1/3处横裂，裂缝以上部分渐圆渐尖，形如蘸满浓墨的笔尖，而下部2/3的石柱恰似笔杆。“笔尖”上长着一棵盘旋曲折的古松，松枝伸展，犹如盛开的花，因此得名。传说古代文人墨客如果文思枯竭，只要到此一游，便会茅塞顿开，妙笔生花。

梦笔生花峰是如何形成的呢？这里有一个美妙的传说。说的是有一年春天，诗人李白游览黄山，看到北海山峰竞秀，景色奇美，顿时诗兴大发。他昂首向天，高声吟道：“黄山四千仞，三十二莲峰；丹崖夹石柱，菡萏金芙蓉。……”高亢、激昂的声音惊动了狮子林禅院的长老。他快步走出山门，寻声辨迹，只见一位白衣秀士，风度潇洒，正在出神地欣赏美景。于是上前施礼，询问他的来历。得知他就是“长安市上酒家眠，天子呼来不上船”的诗仙李翰林，长老大喜。“李白斗酒诗百篇”，如此良机岂能错过？他急忙吩咐小和尚抬来清泉酿制的米酒，同时准备好笔墨纸砚。长老上前向李白敬酒。李白深感盛情，豪爽地一饮而尽。两人一见如故，于是席地而坐，纵谈诗文，开怀畅饮。李白饱览美景，痛饮美酒，诗兴大发，趁着酒兴，奋笔疾书。长老及小和尚们站立在两旁，看着那一个个龙飞凤舞、遒劲有力的大字，赞叹不已。李白写完后，酒意犹存，顺手将毛笔一掷。那毛笔翻翻摇摇，从空中落下，插入土中。长老送走李白，回过头来，不禁大吃一惊。只见刚才李白掷下的毛笔已化成一座笔峰，笔尖化成了一棵松树，矗立在散花坞中，就是现在的“梦笔生花”峰。这个传说活灵活现，惟妙惟肖，让游人逸兴湍飞，心驰神往。

另外还有一种说法，认为历史上真正拥有梦笔的主人是江淹，梦笔之处就是今日福建浦城西部的孤山。山中构筑有寺、有观、有书院。江淹到任后的一天，夜宿道观修院。酣睡中竟有桂花暗香浮动，忽见晋代文学大师郭璞飘然而至，授之一支五色彩笔。因江淹一梦，浦城这座小山丘更名为梦笔山。江淹的梦笔之花，应是一丛丹桂。梦笔生花，是多少文人墨客心往神迷孜孜以求的境界，其世间的参照物大约只有丹桂之花可比拟。丹桂花开，独占三秋；花团锦簇，芬芳无限。浦城任上是江淹创作的颠峰。民风淳朴可造可歌，俯拾皆是画，动辄能成诗，更有那挥之不去形影不离的丹桂花香，每时每刻都能催生江郎的灵感。

23 为什么请人删改文章要客气地说请“斧正”？

在文人的交往过程中，我们常发现有人拿出自己的习作请别人帮忙修改和提意见，尤其是作者给编辑投稿的时候，一般要用“请斧正”之类的话。原来，“斧正”这一典故出自《庄子·徐无鬼》：郢人垩（指白色粘土）慢其鼻端若蝇翼，使匠石斫之，匠石运斤（指斧头）成风，听而斫（砍）之，尽垩而鼻不伤，郢人立不失容。宋元君闻之，曰：“尝试为寡人为之。”匠石曰：“臣则尝能斫之，虽然，臣之质死久矣。”后来人们根据《庄子》的这个故事，引申出“斧正”一词，意思是请别人来帮助自己削删文章，如同楚国郢都的匠石削掉好友鼻尖上的白粉那样。类似说法还有“郢正”、“郢削”、“斧削”等。这是对修改者表示尊敬的客气语，赞其水平高，修改起来，像匠石对郢人用大斧削去白粉一样，干净利索，恰到好处，令人佩服大刀阔斧“运斤如风”的那份自信和从容。古代的“正”、“政”二字又可通用，所以“斧正”也叫做“斧政”、“郢政”、“削正”。与此同义的常用词还有“指正”、“惠正”、“雅正”、“请（指）教”。指教、请教多用于讲话、言谈中。雅正、指正和斧正一样，多见于文章字画之中。南宋词学中有“雅正”说，意为典雅方正，其重心在于“正”词坛之不“正”。故“雅正”在表示请对方指教时，亦寓有恭维对方的赐教会使自己归于雅正之意。“惠正”是把自己的诗文书画送人时，表示请对方指教意思的敬辞（套语）。

知识链接

“徒灾梨枣”、“寿之梨枣”说的是什么？

清代雍乾间的小说《驻春园小史》开宗明义说：“历览诸种传奇，除醒世、觉世，总不外才子佳人……《好逑传》别具机杼，摆脱俗韵，如秦系偏师，亦能自树赤帜。其他则皆平平无奇，徒灾梨枣。降而《桃花影》、《灯月缘》风愈下矣。”《绣屏缘》作者在前言中也说：“然画家每千篇一列，殊不足观，徒灾梨枣。”古语还有“寿之梨枣”一说。纪晓岚主编《四库全书》时，乾隆召告天下进献图书，旨意中就有“寿之梨枣”一句，此句和开头引的“梨枣”都是指梨木和枣木。孙诒让《札序》有言“复以竹帛梨枣，钞刊屡易”。古人刻书多用梨木和枣木，后世便以梨枣为书版的代称。徒灾梨枣，就是白白地浪费书版；寿之梨枣，就是刊刻成书，流传后世。

24 请人代笔写文章为什么叫做“捉刀代笔”？

“捉刀”一词，源自《世说新语》中的“容止”门，里面有这样一则趣事：一次，北方的匈奴使臣要拜见魏王曹操，曹操不便于直接出面，就想出了一个蒙骗来人的花招：他叫手下威武健壮的崔琰代表他接见使臣，自己则持刀站在床头。接见完毕，曹操马上命人去问匈奴使臣：“你觉得魏王怎么样呢？”匈奴使臣答道：“魏王雅望非常；然床头捉

曹操

刀人，此乃英雄也。”曹操见底细败露，恼羞成怒，就派人追上使臣，把他杀了。后来，人们用“捉刀”比喻代人做事，又因为“刀笔”是写文章的工具，此语又逐渐转化为专指替人写文章“代笔”了。

知识链接(一)
刀笔吏

“捉刀代笔”的人也可以说是充当“刀笔吏”。我国文字发明很早，但书写时使用的笔和纸却出现较晚。春秋战国以前，我们的祖先记事占卜都是用刀刻在龟甲或兽骨上，或者刻在竹简或木片上。即使后来出现了毛笔，刀仍然发挥着重要作用，如书写有误的时候，可以用刀（一种被称为“削”的青铜利器）刮去错处，重新再写，因此“刀笔”成了一个固定的用语。历代的文职官吏也被称作“刀笔吏”。另外，“刀笔吏”还是古人对讼师幕僚的特殊称谓，意思是说他们深谙法规，文笔犀利，用笔如刀。经其操纵，往往大事化小，小事化了，有时又不惜无中生有，弄虚作假，所以“刀笔吏”的名声不是很好。《史记·李将军列传》中李广自刭之前说：“广年六十余矣，终不能复对刀笔之吏。”可以令人想见他们深文罗织，使许多案件乾坤陡转的可怕之处。《水浒》中的宋江在郓城县做押司时自称“刀笔小吏”，但又是四海英雄渴欲结识的“及时雨”，这当然是其中的另类了。

知识链接(二)
“绍兴师爷”为什么成为师爷的泛称？

过去的刀笔吏，以绍兴师爷最为老辣：能把轻罪说成重罪，也能把重罪说成轻罪；能把活罪说成死罪，也能把死罪说成活罪。清代官场有谚语云：“无绍不成衙。”说的是清代衙门中多绍兴籍的幕友和书吏。绍兴籍（指绍兴府，下辖山阴、会稽、萧山、诸暨、余姚、上虞、嵊、新昌八县）的幕友即著名的“绍兴师爷”。称“绍兴师爷”者并非皆绍兴籍人，其他地方的人也有，但以绍兴籍人为多，故常以“绍兴师爷”作为师爷的泛称。《文明小史》曾说到绍兴师爷在衙门中的情况：“原来那绍兴府人有一种世袭的产业，叫做作幕。什么叫做作幕？就是各省的那些衙门，无论大小，总有一位刑名老夫子，一位钱谷老夫子，……说也奇怪，那刑钱老夫子，没有一个不是绍兴人，因此他们结成个帮，要不是绍兴人就站不住。”《文明小史》里写的师爷余豪是会稽人，《歧路灯》写了两个师爷——荀药阶与其表侄莫慎若，也是山阴人。幕友和书吏所以多绍兴人，与绍兴人文化素养高、苛细精干、善治案牍等特点有关，这些特点皆适宜作幕为胥。绍兴人所以不远千里入都为胥，又与绍兴人不恋乡土的乡风和当地人多地少的经济状况有关。著名的绍兴籍师爷，有杭州府首席刑名师爷周省三，幕学专著《佐治药言》的作者汪龙庄，另一部师爷名著《秋水轩尺牍》的作者许思湄，还有《雪鸿轩尺牍》的作者龚萼。而陈道明主演的电视剧《绍兴师爷》则通过绍兴师爷方敬斋这位匡扶正义、睿智精明、清正廉洁的传奇经历，充分注解了幕学这一封建官场文化中的特殊文人现象。

25 知识分子过去被戏称为“老九”，为什么他的这种排行不是“老大”“小三”，而偏偏放在八下十上的位置上呢？

知识分子何以被称为“老九”，这要追溯到十三世纪的元帝国时期。蒙古入主中国后，把帝国臣民分为四等：第一等是蒙古人；第二等是色目人；第三等是“汉人”；第四等是“南人”。又依职业的性质，把帝国臣民更细致地划分为十级：一、官（政府官员）；二、吏（不能擢升为官员的政府雇员）；三、僧（佛教僧侣）；四、道（道教道士）；五、医（医生）；六、工（高级工程技术人员）；七、匠（低级手工技术人员）；八、娼（妓女）；九、儒（知识分子）；十、丐（乞丐）（郑思肖《心史》）。一向在中国传统社会最受尊敬的儒家知识分子，竟然被划分到社会的最底层，比儒家所最卑视的娼妓都不如，仅只稍稍胜过乞丐。

在抗战时期，知识分子的薪水极少，时人谓之“薪水低于舆台（指地位低微的人）”，大中学生社会地位的名次排在了国民党兵之下，有人把国民党兵痞叫作“丘八”，大中学生则被称为“丘九”。

上世纪六七十年代，知识分子的处境跌入了有史以来的最低点。按照“知识越多越反动”的荒唐逻辑，知识分子遭受了非常的整治和摧残，被冠上“臭老九”的头衔，成为社会最卑贱的阶层。这一次的“臭老九”算是一个“令古人汗颜的创造”了。

知识链接

中国的“士”

十八学士图之三

欧洲古代有骑士，日本有武士，而中国则有以知识分子为代表的士族阶级。士，原意可能指的是原始社会末期与氏族首领和显贵同一部落的武士，进入阶级社会后，他们成为统治阶级的一部分。春秋时期，各国之间征战不休，随着步卒作用的增加，车战及武士的作用减小，士的地位也出现了或升或降的变化。到了战国时代，争霸和兼并战争更为剧烈，于是朝秦暮楚的游说之士应运而生。他们奔走穿梭于各国之间，充当纵横捭阖的说客，而这时各国统治者的养士之风也很盛行。秦汉时期，士的内涵发生了进一步的变化。“士”称为士大夫时，可以指军队中的将士、武官、也常常是在中央政权和州郡县供职的文职官吏的泛称。称为士人时，则一般特指具有较高封建文化素养、从事精神文化活动的知识分子。魏晋时期，凡九品以上官吏及得到中正品第者，皆为士，否则为庶民。士人中，又出现凭借父祖官爵得以入仕居官的家族，是为士族。隋唐以后，士族逐渐退出历史舞台，但"士"作为一个特定阶层的观念仍然保留下来。宋以后，"士"或"士人"一词逐渐成为一般读书人的泛称，不再特指九品以上官吏。

26 为什么那些"顺口溜"式的诗被人们谐谑地叫做"打油诗"？

"打油诗"源自何时呢？

唐朝时南阳有一读书人（也有称他为卖油郎的），姓张。名打油。此人不仅很会吟诗作赋，而且特别喜欢民间文艺，常将他收集到的丰富俗语俚曲，运用到自己的诗词创作中去，写出了不少通俗、风趣的作品。有一年冬天，张打油出游经过某县衙，一时兴起，便进去参观，并在刚刚落成的洁白墙壁上写了一首诗，用当今的话说，内容十分搞笑："六出纷纷降九霄，恰如玉女下琼瑶。有朝一日天晴了，使扫帚的使扫帚，使锹的使锹。"衙役报上来后，县太爷大怒，命缉拿涂鸦者。衙役们经明查暗访，确定是张打油所为，于是不容分说，一条锁链把他拘到县衙。在公堂上，县太爷厉声责问张打油为何在县衙乱画。张打油从容答道："我张打油，但知吟诗作文，从不胡写乱画。"县太爷听了，便以当时南阳城被叛军围困，守将请求朝廷发兵解救为题，叫张打油写诗。张打油稍加思索便随口吟出："天兵百万下南阳，也无救兵也无粮。有朝一日城破了，哭爹的哭爹，哭娘的哭娘。"县太爷一听，忍不住大笑起来，将张打油无罪释放。有此波折，张打油之名传遍四方。久而久之，人们便把内容浅显明了、字句诙谐风趣、形象鲜明生动的诗作称为"打油诗"了。

另有《升庵外集》为证："唐人张打油《雪》诗云：'江上一笼统，井上黑窟窿；黄狗身上白，白狗身上肿。'故谓诗之俚俗者曰打油诗。"

知识链接

"打诗钟"是一种什么游戏？

诗钟作为一种文人游戏，大概是嘉庆、道光年间在福州兴起的，林则徐是此中最早的高手，其《雪鸿堂初集》中记有他的诗钟作品。玩法是设一铜盘，上悬一线挂铜钱，横置一炷香火，俟其烧到线断，铜钱坠落铜盘上，发出响声如击钟，故曰"诗钟"。晚清以来，文人集会作诗钟之风盛行，张之洞、陈宝琛、陈三立、汪笑侬等都是个中里手。解放后，这种游戏有些被冷落了，提起"诗钟"这两个字，许多年轻朋友都感到很陌生。诗钟，从形式上看为七言偶句（个别的有五字对），故也称"十四字诗"。它很像从律诗中截取一联，但有其特殊要求，主要分为"嵌字"、"分咏"两类。数名文人集会做此游戏，先各自在一小条中写一个字，然后数人所写的字条，团成纸团，随意抓上两个，打开看这两个字，再约定用此二字嵌在第几字成一副七言联，嵌第几字就叫"几唱"，时间限在铜盘响声为止。如有名的诗钟"天、我"五唱，当时船政大臣沈葆桢在钟声未响即成一联"海到无边天作岸，山登绝顶我为峰"，"天"和"我"都在第五字。分咏格亦称分韵格，又叫雕玉双联、分曹偶句，较为生僻。分咏格诗钟之制题，有咏两物者，有咏一人一物者，也有咏一事一物者。诗钟虽然只有十四个字，但不可小视，倘无渊博的文史知识和文字功力，是断然不能写出来的。诗钟活动的组织叫"吟社"，民国初年翻译外国小说蜚声文坛的林纾，因笔名为冷红生，发起的诗钟社就叫"冷香吟社"。每回聚会后要取录"打诗钟"的"状元"、"榜眼"、"探花"、"传胪"各一人，排个次序。一般是录取后即当众宣唱，唱到谁的作品即自己报名，所以打诗钟也称"唱诗"。

27 胡编乱造为什么被称做“杜撰”？

《古汉语词典》、《现代汉语词典》对“杜撰”的解释是：没有根据的编造、臆造、捏造；虚构。语本宋人王琳《野客丛书·杜撰》：“杜默为诗，多不合律。故言事不合格者为杜撰。”原来历阳人杜默喜欢作诗，但对诗的韵律一知半解，往往闹出许多笑话。有一次，其师石介和欧阳修在开封为再次名落孙山的杜默饯行，席间杜默作答谢诗道：“一片灵台挂明月，万丈词焰飞长虹；乞取一杓凤池水，活取久旱泥蟠龙。”诗句还算豪放，但邻座一考生却说此诗重复用了“取”字，犯诗家忌讳，应改。但没有真才实学的杜默不肯虚心向别人学习，说那是墨守陈规，而诗贵在意境，决不能以辞害意。所以他虽然爱好写诗，却从来没有写出过一首像样的诗。不仅不讲究形式，从内容上看也都是无病呻吟的东西。看过他诗作的人都觉得味同嚼蜡，非常倒胃口。于是很多人便在背地里议论、嘲讽他的诗，说这不过是杜默所撰写的狗屁不通的“狗屎诗”。人们每逢看到不像样的诗文，就脱口而出：“这是杜默所撰。”后来这句话逐渐简化为“杜撰”。本义是嘲笑“杜撰”之作，都是狗屁不通的东西。随着时间的推移，“杜撰”一词逐渐引申为不真实地、没有根据地胡编乱造的意思了。

明代冯梦龙的《古今谭概》及清代褚人获的《坚瓠集》解释“杜撰”的来历，说是唐五代杜光庭的事。杜光庭精于儒、道典籍，在四川做道士时，为了阐扬道教，曾编撰过《灵异记》、《神仙感遇记》、《道门科范大全集》等不少著作。其《道藏》五千余卷，只有《道德经》二卷为真，其余都是杜光庭所编撰。因此，后世对于没有事实根据而胡凑的著作，叫作“杜撰”。

而岳飞的幕僚沈作哲的《寓简》另有说法：西汉临淄人田何师从光羽受《易》学，得孔门真传后，广收弟子，传授今文《周易》。他从临淄迁居杜陵后，又取号杜田生。而当时人们认为秦“焚书坑儒”之后，《易》学已失传，就嘲笑杜田生所讲授的《易》学是无所本而编撰的“白撰”，也称之“杜圆”，即杜信口雌黄、自圆其说。这就是“杜撰”的另一个由来。

知识链接

“小说”是道听途说、不登大雅之堂的虚构之词吗？

“小说”这一名称最早来自《庄子·外物篇》中的一句：“饰小说以干县令，其于大达亦远矣！”这里提到的“小说”是指争辩中用的词语，是与“大达”相对而说的。大达，指博大精深的道理或学说；小说，则指琐屑的言语，是不能与大达相提并论的小道。《论语·子张》中子夏的“虽小道，必有可观者焉；致远恐泥，是以君子不为也”，说的是和“小说”同义的“小道”，都属于贬义词。清代《人间乐》序亦称之为“小言”、“小说之言”。汉代的班固，在《汉书·艺文志》里，把小说列为独立的一家，并说：“小说家者流，街头巷语，道听途说者之所造也。”由于“小说家”修饰小说意在博得高名和美誉（“干县令”），因此自会将“街头巷语”着意润色，以达“可观”、动人的效果。但在加工润饰之下，也必然会张皇其词，将道听途说的事越传越神，越传越玄，子夏因之有“致远恐泥”、“君子不为”之见。按照儒家的这种见地，小说又获“稗官野史”之称，就是认为它即使纪事记言，也和秉笔直书的正史相去较远，因为它掺入了虚饰、编造的成分。由此小说一直被国人视为不登大雅之堂的小玩意。直到《红楼梦》产生，在第一回中“石头兄”还在极力辩护自己如何“追踪蹑迹”，期望攀附纪实的史书，以求区别于一般“诌掉了下巴”的说部传奇。追溯“小说”原意，确有鄙视、把它视为路人虚构之词的味道。小说文体真正独立，是在唐传奇产生以后。与六朝的“笔记小说”相比，唐人小说篇幅加长，故事完整，情节委婉曲折，刻画人物性格细致鲜明。打这个时候起，作为一种文学样式的小说，艺术上基本成熟了。宋代继唐人传奇成熟之后，又产生了成熟的白话小说——话本小说。这是根据说话的底本加工而刊刻出来的读物。说话艺术可分讲史、说经等几家，“最畏小说人，盖小说者，能讲一朝一代故事，顷刻间捏合”，此“小说”又名“银字儿”，包括烟粉、灵怪、传奇等不同题材的故事。到明代，号称“四大奇书”的《三国》、《水浒》、《西游》、《金瓶梅》相继问世，“小说”盛极一时，遂当仁不让地坐上了文坛的第一把交椅。接下来小说又全盛于清，于是“明清小说”一跃成为这两朝的文学代表。不登大雅之堂的虚构小说主宰两代文坛，恐怕是最早的小说命名者始料不及的。

28 人们为什么要在信封的下款处写上“××缄”的字样？

古人在书信上有“缄”、“封”的习惯。《说文解字》解释“缄”义：“缄，束箧也。”缄是捆箱子（箧）用的绳子。“解箧缄”（《汉书》语）则是解开捆箱子的绳子。“缄”由捆而加封，和古代官方的公文书信制度有关。东汉以前没有纸张，公文书信多写在一片木片或竹简上，叫作“札”或“版”，许多版牍捆扎在一起叫做“函”（即所谓“信函”）。用绳子捆好后，绳的打结处往往再加一块泥，然后在泥上盖印章，以防被拆，这叫“封泥”。用绳子捆叫“缄”，用泥盖印叫“封”，解开绳子（看公文信）就是叫“开缄”了。“缄”和“封”的目的都是为了保守“札”中的秘密。现在人们在信封的落款处写上“××缄”的字样，就是某某人亲自将信封起来的意思。

知识链接

过去书信为什么又叫“尺牍”？

书信，古代只称为“书”，与此相关的词语有“书札”、“书简”、“手书”等。书信又叫“尺牍”。尺牍之名起于西汉，那时用一尺之长的木牍写书信，故有此名。古人信件的样式如何呢？过去大家说不清。1979年在湖北云梦睡虎地秦墓出土了两件家信，一件是黑夫和惊合写，一件是惊独作。信内讲到他们驻军在淮阳一带的情景。这种木牍形式的家书是第一次发现，显得十分珍贵。书牍长 23.1 厘米，合当时一尺，这是符合信牍规格的，所以书信也称“尺牍”。尺牍包括公私信札书疏，属于“应用文”，后来也逐渐受到人们的重视，讲究辞令优美，变成一种“词有专工”的文学形式。《昭明文选》便将“书”作为一类，收集了二十多封书信。魏晋是书家辈出的时代，许多书家都擅长尺牍之学，所以尺牍之迹，因书法见重于世的情况越来越普遍，书家写的尺牍更有收藏价值。中国历代书法瑰宝中保存至今的书法名帖多是尺牍手札，而最负盛名的尺牍是王羲之的书法真迹。周作人写文章素来喜用尺牍体，在现代作家中，恐怕是第一个有意提倡尺牍体的作家。生前由他自行编定的书信集就有《周作人书信》，1933 年 7 月由上海青光书局出版。周作人不但大力提倡尺牍文，身体力行创作了大量书信，而且还收藏了不少尺牍，单行的有：

秦人信牍

一、《塞鸿尺牍》，明，沈青霞，一册

二、《质园尺牍》，清，商宝意，二卷

三、《秋水轩长尺牍》，清，许葭村，二卷，续一卷

四、《未斋尺牍》，清，龚联辉，四卷

五、《世守拙斋尺牍》，清，范镜川，四卷

六、《五老小简》，明人编，二卷

七、《尺牍奇赏》，明，陈仁锡编，十四卷

至于列入集内的尺牍，那就更多了。仅就周氏文章中提到的而言，我们所知的就有徐文长、王季重、张宗子等等名家之作。

29 文章荒谬不通畅常被批为“狗屁不通”，为什么是狗屁而不是猪屁、马屁、牛屁呢？

“狗屁不通”通常用来指责别人说话没有条理或文章极不通顺，是毫不客气、不留情面的说法，感情色彩浓烈，带有明显的贬义。是“狗皮不通”的谐音，出处为清石玉昆《三侠五义》第三十五回：“柳老赖婚狼心推测，冯生联句狗皮不通。”

由于狗的表皮没有汗腺分布，在炎热的夏天，狗只能借助舌头及呼吸来散发体内的燥热。“狗皮不通”，就是指狗的这一生理特点来说的。由于“皮”与“屁”谐音，屁是体内新陈代谢产生的气体分泌物，内含有毒物质，味道难闻，因此被当做污浊之物，对于文理不通的诗文或不明事理的人，用屁来贬斥，意思更为鲜明、形象。另外汉语中，没有道理的话被形容成是“放屁”；同时把某人用狗来类比属于文明人最刻薄的辱骂方式，“你这个狗东西”、“你这个狗奴才”，变化多端，妙用无穷。后来的人们心领神会、将错就错，最终约定俗成地将“狗皮不通”变成了“狗屁不通”。因为狗屁不通这一来历，所以就只有狗屁不通的说法，而没有猪屁不通、马屁不通、牛屁不通等提法。

知识链接

为什么人们喜欢在别人面前说自家的孩子是“犬子”“豚儿”？

古时候的人喜欢在别人面前说自家的孩子是“犬子”、“豚儿”，这一自谦（犬即狗的学名，豚即猪的学名），表示孩子愚笨、呆傻，另一方面也与那时的人对一些自然现象以及生老病死没有科学、系统的认识有关。遇到一些奇特或无法解释、存在困惑的事情常常自觉不自觉与鬼神挂上钩，如一些有才华或绝顶聪明的人突发疾病英年早逝，往往被人们认为是被请到天上做神仙去了，小孩生病夭折则被认为是被小鬼捉到地狱去了。由于存在这样的迷信思想，因承相袭，潜移默化，中国人形成了给小孩特别是男孩起贱名的习惯，如司马相如小时候就曾被父亲唤作“犬子”。他们认为名字叫得越不好听，鬼神就越不在意，孩子就越好养，曾几何时，“狗剩”、“狗毛”、“熊货”、“贱三”等都是我们耳熟能详的小名。如今随着科学知识的普及和文化素质的提高，人们给小孩起名字少了很多顾忌，讲究清脆响亮、音韵优美、寓意深刻，以前那种起贱名的现象越来越少，近于绝迹了。

30 我们现在听的各种乐曲，为什么统称为“音乐”呢？

古汉语中“音”和“乐”本是有不同含义的两个字。“音”和“言”的含义相同。在甲骨文中，“言”字下面是口，上面是一支竖立的古代箫管。用嘴吹箫管而发音，就是“言”的本意。这表明远古时期，人们吹奏乐器发出的声音、人的歌声与说话的声音，还没有明确的区分。后来，“言”才专指言语，以别于“音”。而周代已将金、石、丝、竹、匏、土、革、木等乐器统称为“八音”（《周礼·春官》）。

陶乐舞俑

“乐”字在甲骨文中，上面是丝（弦），下面是木，也就是琴瑟类拨弹乐器的象形。后来《乐记》中说，将不同的音组成旋律进行唱奏，同时手持盾牌、斧头、野鸡毛、牛尾跳舞，就叫

"乐"。可见这时的"乐"是一种包括歌唱、器乐、舞蹈、诗歌的综合艺术形式。因为"乐"能给人以快乐的感受，所以又转意指"喜乐(悦)"。

当"音"和"乐"词意逐渐趋于接近时，于是这两个字便开始连用在一起了。在《吕氏春秋·大乐》中，已有"音乐之所由来者远矣"的说法。古代的"音乐"一词今天之所以广泛接受，是因为日本首先用日语汉字中的"音乐"一词来翻译英文的"Music"，后来中国也沿用了这个译法，用来称呼"音乐"这种用有组织的乐音来表达人们思想感情、反映现实生活的艺术了。

知识链接

歌曲有时是歌，有时是曲

大概在唐朝以前，"歌曲"两字有不同的含义。不用伴奏的清唱称之为"曲"，加上伴奏称之为"歌"。

"歌"这个字的起源可能比较晚，在商代甲骨文中还没有见到这个字。《说文系传》说："歌者，长引其声以诵之也。""歌"字的右旁是打哈欠的形象。因为唱歌要张嘴，所以用欠字为意符。跪着的人形正反映了古代乐工的身份。我国各地都有富有特色的民歌，如楚歌、吴歌、燕赵悲歌等。在山川湖泊等不同地点，会有山歌、渔歌、插秧歌等之别。按题材又有弹歌、战歌、情歌、婚歌等不同种类。

"曲"字原是一种弯曲而可以盛放物品的器皿的名称，转意引申为歌曲，是表示歌声宛转曲折的意思。远古的原始宗教歌曲和劳动号子，旋律大都比较简单平直。后来旋律有了变化发展，特别是一些民歌中出现了比较宛转动听的旋律，这类民歌即被比作"曲"。如《西洲曲》、《塞上曲》等。

先秦有"王者采诗"之风。周天子为了解民情，遣行人摇动木铎，农闲之际巡行四方，在田野乡村采集民歌民曲，如《诗经》中的国风，就有不少是来自黄河、长江流域的歌曲创作。《墨子·公孟》说："颂诗三百，弦诗三百，歌诗三百，舞诗三百。"意谓《诗》三百余篇，均可诵咏、用乐器演奏、歌唱、伴舞。《史记·孔子世家》也说:“三百五篇,孔子皆弦歌之,以求合韶、武、雅、颂之音。”《诗经》里的诗,就其原来性质而言,是歌曲的歌词(即“诗歌”)。《诗经》三百五篇,《小雅》中另有六篇“笙诗”,有目无辞,不计在内。这种“笙诗”要么是歌词在流传过程中遗失了(《诗经通论》),要么本来就是笙人所奏的无辞歌曲。

31 “四面楚歌”中的“楚歌”指的是哪里的歌?

成语“四面楚歌”比喻陷入四面受敌、孤立无援的境地,出处见司马迁《史记·项羽本纪》。让项羽斗志全无的“楚歌”到底指的是哪里的歌呢?《史记》记载:“项籍者,下相人也,字羽。初起时,年二十四。其季父项梁,梁父即楚将项燕,为秦将王翦所戮者也。项氏世世为楚将,封于项,故姓项氏。”下相即为现在的江苏宿迁,这段话写明了项羽在下相长大后才随叔父项梁迁居吴中(今江苏苏州)。接下来的关键问题是项羽在哪里揭竿而起,即他的根据地在哪里?这能够为确定楚歌所代表的地域提供有力的证据。《项羽本纪》载:“遂举吴中兵,使人收下县,得精兵八千人。”这说明项羽是在吴中起兵,八千江东子弟兵,是他在吴中所收的嫡系部队。那么吴中又是如何变为楚地的呢?这说来话长,历史上楚地的范围并非一成不变,而是随着

刘邦像

战事的进行不断变化。公元前278年，秦将白起攻破郢都，楚国被迫迁都到陈(今河南淮阳)，又迁都巨阳(今安徽太和县东)，公元前241年迁都寿春(今安徽寿县)，公元前223年秦兵攻破寿春，楚国灭亡。由于战事不利，楚国的国都不断东迁，楚人随之进入江淮下游地区，长江、淮河下游也开始被称为“楚地”。同时，历史也记载，项羽带领八千江东子弟兵，破釜沉舟击败秦将章邯，一鼓作气，一路高歌猛进灭掉秦国，再到他与刘邦逐鹿中原，前后大小七十余战，但从未到达过伏牛山以南的荆楚地区。由此可以推断，楚歌非两湖民歌，应是长江、淮河下游地区的民歌。

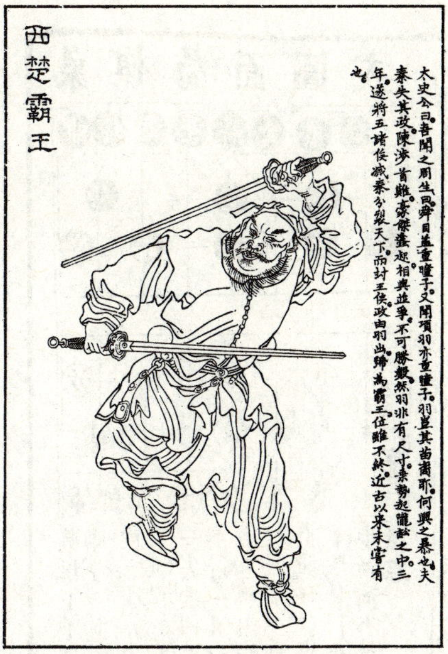

项羽像

知识链接

象棋盘上的“楚河汉界”是怎样产生的?

中国国粹象棋棋盘上有“楚河汉界”，这是怎么来的呢?“楚河汉界”指的是河南荥阳黄河南岸广武山上的鸿沟。沟口宽约800米，深达200米，是古代的一处军事要地。西汉初年楚汉相争时，汉高祖刘邦和西楚霸王项羽仅在荥阳一带就爆发了“大战七十，小战四十”，久战不下，劳民伤财，于是项羽与刘邦和谈达成协议，“以西为汉，以东为楚”，鸿沟便成了楚汉的边界。今天到那里游览，还可以看见鸿沟两边当年两军对垒的城址，东边是霸王城，西边是汉王城。

那么中国象棋这种游戏又是如何与“楚河汉界”拉上关系的呢?

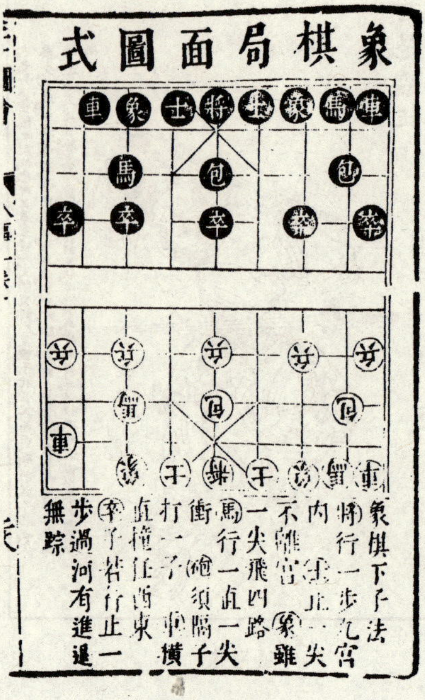

明代象棋图

中国象棋历史悠久，有据可查的发生、发展史可以追溯到先秦时代的“博戏”，那时它又被称为“象戏”、“桔中戏”。战国末期，每方六枚棋子的“六博”象棋开始盛行。唐代象棋在此基础上有了一些变化，但只有“将、马、车、卒”四个兵种，棋盘由黑白相间的六十四个方格组成，和国际象棋类似。到了宋代，逐渐完善的中国象棋基本定型，因为火药的发明，棋子中顺理成章地增加了威力巨大的炮，还增加了士、象。进入明代，为了以示区别，人们将一方的“将”改为“帅”，这时的象棋便和现在我们的中国象棋一样了。由于楚汉相争的惨烈，四面楚歌的声名远播、家喻户晓，为了营造兵戎相见、你来我往的紧张气氛，人们把“楚河汉界”移植到棋盘上。从古人留下的象棋文物遗存和文字图谱中，都可以看到：两军立营，相持对垒，中隔“楚河汉界”，色分黑红，为“九五”而战，战局中“斗智不斗力”，通力擒敌方之“将(帅)”等等，这些无不蕴含着楚汉之战的文化底蕴。因为荥阳在中国象棋发展史上的特殊地位，所以有“中国象棋之都”的美誉。

32 人们常说“对牛弹琴”，但弹琴的到底是谁呢？

成语“对牛弹琴”比喻对蠢人谈论高深的道理，白费口舌。

用以讥笑说话的人不看对象。这一成语的出处见汉牟融《理惑论》:“昔公明仪为牛弹清角之操,伏食如故,非牛不闻,不合其耳矣。转为蚊虻之声,孤犊之鸣,即掉尾奋耳,蹀躞而听。”(载于南朝梁僧佑《弘明集》)说的是战国时代,有一个名叫公明仪的音乐家,是个音乐全才,既能作曲又能演奏,尤其是七弦琴弹得非常好,加上曲子优美动听,很多人都喜欢听他弹琴,因此很受人敬重。

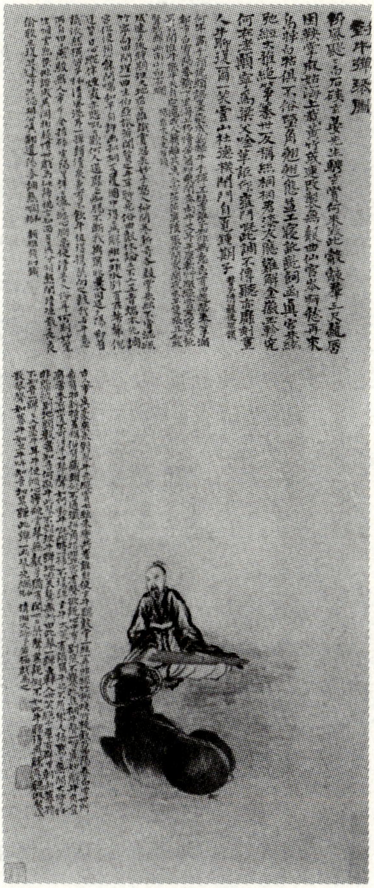
对牛弹琴图

由于痴迷于音乐,他不但在室内弹琴,遇上好天气,还喜欢带着琴到郊外弹奏。一年春暖花开时节,他来到郊外,看见一头黄牛正在草地上低头吃草。公明仪一时兴起,信心膨胀,摆上琴,拨动琴弦,给这头牛弹起了自己引以为傲的保留节目乐曲——“清角之操”,但老黄牛却无动于衷,仍然低头一个劲地吃草。

公明仪一琢磨,心想这支曲子是不是太高雅了,于是换了个曲调,弹起了小曲。老黄牛仍然毫无反应,继续悠闲地吃草。

公明仪继续变招使出浑身解数,老黄牛仍然不为所动,只是偶尔甩甩尾巴,驱赶着牛虻,照样低头闷不吱声地吃草。

公明仪觉得大伤面子,变得十分沮丧。旁边的人劝他说:“您不要生气了!不是您弹的曲子不好听,是您弹的曲子不对牛的耳朵啊!”公明仪如梦方醒,叹口气,怅然而归。

后来人们根据这个故事,引申出“对牛弹琴”这句成语,比喻对不懂道理的人讲道理,是白费口舌;也常用来讥笑说话不看对象的人。

知识链接

"郑卫之声"、"靡靡之音"常用来指称什么音乐?

春秋时期，在民间诞生了一种新的通俗音乐，叫"郑卫之音"（又称"今乐"、"新声"、"新乐"）。"郑卫之音"是周代郑国和卫国的音乐。由于郑国和卫国居住着商朝的遗民，所以"郑卫之音"中保留了浓郁的商族音乐风格。"郑卫之音"表达了轻松欢快、昂扬向上的精神，是一种热烈奔放、生动活泼的民间音乐，从民间流传到宫廷，连国君也爱听。但统治阶级担心活跃的思想和行为可能引发社会动乱，《乐记・乐本篇》中说："郑卫之音，乱世之音也。"孔子也哀叹："恶郑声之乱雅乐也。"都将它视为洪水猛兽。自己虽在偷偷地听，却在公开场合上给予蔑视、贬低。"靡靡之音"出处见《韩非子・十过》："此师延之所作，与纣为靡靡之乐也。"《史记・殷本纪》："北里之舞，靡靡之乐。"靡靡：柔弱，萎靡不振。指软绵绵、萎靡不振的音乐以及含有低级趣味、反映腐朽颓废情调的乐曲。被列入靡靡之音的音乐自然也得不到上层统治者的赞扬和首肯，它们的命运就是作为另类被打入冷宫。但由于个人评判标准的不同以及众口难调，难免将一些艺术性、思想性、趣味性较高的作品归为靡靡之音，造成冤假错案。

33 为什么称知心朋友为"知音"?

这里有一个流传至今、感人肺腑的故事。据《列子・汤问》记载："伯牙善鼓琴，钟子期善听。"春秋时期楚国著名音乐家俞伯牙在晋国做官，有一年，他因公务顺江而下来到龟山脚下的汉阳江口，因天色已晚，只好将船停在岸边。吃完晚饭后俞伯牙习惯性地从琴囊中拿出七弦琴，调好琴弦弹了起来。这时，周围万籁俱静，他弹奏的琴声传得很远。伯牙正如痴如醉地弹着，忽然听到岸边的树丛中有响动，马上派手下人去查明情况，原来是一位打柴的樵夫在偷听。伯牙好奇地问：“这么晚了，你为什么不回家，却躲在这里偷听我弹琴？”樵夫诚恳地说：“我打完柴回家路过此处，听到七弦琴声，不知不觉便顺着琴声来到这里。”伯牙有些不以为然，心想：“做官多年，我弹的琴连有音乐素养的官员都听不懂，你一个打柴的樵夫又如何听得懂呢？”他

伯牙弹琴图

决定考考这个樵夫，于是对樵夫说：“既然你会听琴，那么我再弹一首曲子，看你能不能听出我想表达的是什么？”樵夫说：“好，请弹吧！”伯牙弹了一首描写泰山的曲子，樵夫屏声静气、全神贯注地听完整首乐曲，略一沉思，动情地说：“弹得真妙啊！听你的琴声，我的眼前就好像有一座高山巍然耸立一样。”伯牙感到很吃惊，一个普通的砍柴人竟能听懂自己的琴声？为了进一步确定真伪，他又弹了一首描写流水的乐曲。刚弹完，樵夫激动地说：“你的琴声由潺潺小溪到浩浩荡荡的江海，就像滔滔的流水一样。”伯牙心悦诚服了。惺惺相惜之下，二人结为好朋友，并约定第二年的这一天再在此处相会。第二年，伯牙兴冲冲地如期赶到，可是却没有等到钟子期。询问附近住户，才知道他前几天患病死了。仿佛晴天霹雳，伯牙丧魂失魄、踉踉跄跄地来到钟子期的坟前，放声大哭，悲痛欲绝，并当场摔碎木琴，扯断琴弦，“伯牙谓世再无知音”，从此不再弹琴。

后来人们便把伯牙、子期的心意相通、深厚情谊称为知音，并用来指称知心朋友。为了纪念他们，当地人还在伯牙摔琴的

地方建造了琴台。

1967年，国际天文学会把水星上一座环形山命名为“伯牙山”。由古琴演奏的古曲《高山流水》，十年后被美国“旅行者”号飞船选录成唱片，带入太空，以寻求其他星球上地球人类的“知音”。

知识链接

“高山流水遇知音”的故事具体发生在什么地方？

高山流水遇知音的故事发生在湖北武汉汉阳区的古琴台。古琴台，又名伯牙台。古琴台东对龟山，北临月湖，湖景相映，景色秀丽，幽静宜人，加上文化底蕴丰厚，成为武汉市的著名音乐文化古迹，并与黄鹤楼、晴川阁并称武汉三大名胜。根据《警世通言》中《俞伯牙摔琴谢知音》的描述，古琴台应在马鞍山下不远的水边，碎琴山应是马鞍山江边钟子期坟台的山地。梁简文帝萧纲写有《琴台》一诗：“芜阶残昔径，复想鸣琴游。音容万春罢，高明千载留……”可见琴台在南北朝就已有之，至今至少存在了一千四百年之久。大约在明代万历（1573—1620）时期，月湖边上出现了古琴台。明人阮汉闻《碎琴山》一诗写道：“沙游树合拥青岑，云是伯牙碎琴处。”古琴台在清代多次重建重修，规模相当气派。汪中的《汉上琴台之铭》，不仅描绘了建筑之精美，还描绘了四周的环境：“层轩累榭，迥出云表。土多平旷，林木翳然；水至清浅，鱼藻交映。可以栖迟，可以眺望，可以冶游……”可惜如此一座锦绣楼台，后来被连年战火摧残，化为瓦砾。解放后，人民政府很重视保护名胜古迹，1957年春拨款对古琴台进行了全面的修葺。现在的古琴台辖地约15亩，亭台廊馆，巧为装饰，千年古迹，焕然一新。古琴台景区的主要景点有：根据俞伯牙与钟子期结为知音的故事制作的“蜡像馆”；清朝道光皇帝为陶文毅御笔亲书的“印心石屋”；以及近年来用汉白玉雕刻的“伯牙抚琴”塑像；专门建造的碑廊内陈列有《汉上琴台之铭并序》、《伯牙事考》、《重修汉阳琴台记》等碑刻；清道光六年（1826）湖北督粮道、书法家宋湘诗兴大发时以竹叶代笔蘸墨书写的《琴台题壁诗》更是其中一绝，酣畅淋漓，大气磅礴，历来深受书法家赞赏和肯定。

34 中国的肖像画为什么又叫做“写真”？

明代以来传入中国的西方绘画，主要是天主教题材的人物画，在传统中国画中，人物画又被称为“写真”，故而中国画家中，最先采用西方画法（主要是画人物）的就被称为写真派。写真派是中国最早以画派分野的一个绘画群体之一，其最早的代表人物是明末生于福建莆田的画家曾鲸（1568—1650）。这就是写真派最早的渊源。但事实上，“写真”一词，并非外来语，而是地道的传统称谓。中国传统绘画题材分类，从大范围看可分为人物、山水、花鸟三大类，细分还有许多分类或分科。肖像画属于人物画中的一个分类或分科，它既与人物画有很多共性，也具备自身独特的个性。肖像画在我国有特定的称谓，如写真、写貌、写像、写照、写生、传神、追影、影像、容像、仪像、小像、衣冠像、顶相、像人、云身、接白、代图等，这些都是肖像画的传统称谓，现在一般统称为肖像画。

曾鲸画王时敏像

从文人们惯用的术语中可以看出，他们不仅重视精神上的似与真，也重视外貌的似与真。有关肖像艺术的画评很早就使用了“写真”一词。杜甫《丹青引赠曹将军霸》诗：“将军善画盖有神，偶逢佳士亦写真。”真正将肖像画的概念固定为“写真”的是元代画家王绎（约 1333—?）。在他那篇仅有二百余字的旷世杰作《写像秘诀》中，画家阐明了有关写真画的具体创作法，即：画人物肖像，不仅要求画家认真地观察对象的外部特征，更重要的是必须充分熟悉对象的性格，捕捉住具有本质意义的“真性情”。从此使“写真”的概念得以被后世固定下来，成为有关肖像画的一项专有名词。

知识链接

“传神写照，正在阿堵中”指的是什么？

南朝宋刘义庆《世说新语·巧艺》记载：“顾长康（恺之）画人，或数年不点目睛。人问其故，顾曰：‘四体妍媸（美丑），本无关于妙处，传神写照，正在阿堵（这个）中。’”图绘人物，当求其能表达出神情意态，故称“传神”。南宋陈造《论写神》也指出，画人物肖像不能仅满足于外部的形似，失之于“木偶”化，而是须力求“气旺神完”。在许多文章里，人们注意到无数这样的声明：“所难者非形似，乃神似也。”元代画家王绎针对历来人物画作品“肖而不妙”的缺欠，提出了写出人物“真性情”的主张，也就是传统绘画所关注的“神似”，从而使人物肖像获得最关键的实质。根据这些著名文人的理论，肖像画和其他画类一样，重点是抓住对象的基本要素。这一要素有时称作“神”或是“理”、“心”、“道”。在为人物画像时，这个要素就是对象的内涵、气蕴。外形表现上的不足，理所当然地成为次要问题。譬如在与流行庄严呆板形象的汉朝相对的魏晋时代，肖像画一反汉朝的形式主义观念，人们重视的是熠熠生辉的个性，是人物独具的精神气质，尽管出现了关于构图和表现的新技巧，却没有触及形似问题。紧接这段动荡时期，随佛教从西域传来的罗汉像风靡一时，这些画像也是“气”重于“形”，以致人物的外形总是漫画式的。这类画像以其极端的做法说明画家们连容貌的基本相似都不顾了，遑论逼真。有许多趣闻轶事谈到由于画像传神，上面的人物活了，甚至来到人间。显而易见，画家由于强调“传神写照，正在阿堵中”，所以不关心肖像画形似。

35 古人最早使用的计算工具是什么?

人类最早使用的计算工具是与生俱来的工具,它便是自己的手指和脚指。为了能进行较复杂的计算,并将计算结果记录与保存,我们的祖辈又先后发明了石子、绳结、算筹、算盘、计算器等计算用工具,其中算筹是第一个影响和流传最广泛的人造计算工具,它的发明与应用,使我国古代数学处于世界领先水平。

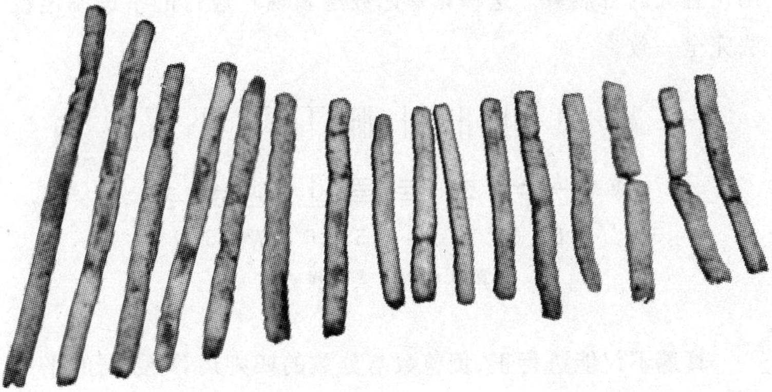

铅算筹

算筹又称为筹、策、算子等,是我国古代用来记数、列式、进行各种数与式演算的一种工具,它最早出现的时间在先秦书籍中没有记载,《汉书·律历志》中才有详细的描述:"用竹,径一分,长六寸,二百七十一枚而成六觚,为一握。"从史书的记载和考古材料推测,算筹最晚出现在春秋晚期战国初年(公元前722~前221年)。它多用竹子制作,也有用木头、兽骨、象牙、金属铅等材料制成。迄今为止,我们见到的年代最久远的古代算筹,是湖南长沙左家公山的战国木椁墓出土的竹算筹。该算筹出土时,放在一个竹筒内,筹的形状如同小棍。相传秦始皇身边常带一个精致的算袋,有一次游历东海时遇上狂风大浪,不小心将算袋掉进水里。那算袋变成一条怪模怪样的鱼，一只只算筹变成了长长的触角，四处挥舞。人们把这种鱼叫做算袋鱼，即现在的乌贼鱼。

在算筹记数法中，算筹布算时的排列有严格的规定。《夏侯阳算经》中记载："一纵十横，百立千僵，千十相望，万百相当。满位以上，五在上方，六不积算，五不单张。"即以纵式和横式两种排列方式来表示单位数目，其中 1、2、3、4、5 均分别以纵横方式排列相应数目的算筹来表示，6、7、8、9 则以上面的算筹再加下面相应的算筹来表示。用算筹表示多位数时，个位用纵式，十位用横式，百位又用纵式，千位再用横式，万位又用纵式……这样从右到左，纵横相间，依次类推，遇零则空出一位，于是就可以表示出任意大的自然数。这种算筹记数法和现代通行的十进制记数法完全一致。

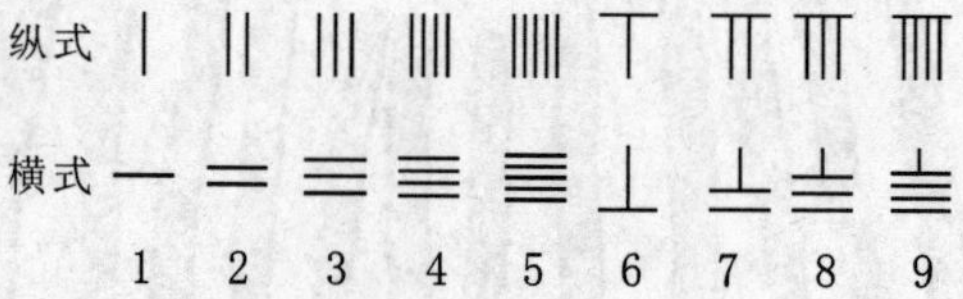

算筹中的纵式和横式

算筹不仅能进行正、负整数与分数的四则运算、数据的平方运算，而且还包含着各种特定的演算。使用算筹运算称为筹算。在古算书中详细阐述了乘法和除法的布算过程。用算筹运算时曾有一套歌诀，这套歌诀和现代计算机的软件有很多相似之处。

到了唐代，商业贸易发达，需要运算速度更加快捷的计算用工具。人们开始用一粒粒的算珠代替一根根的算筹，并用一根竹签将它们穿起来。经过七百多年的探索，轻巧灵便的算盘逐渐取代了算筹。

筹是古人最早使用的算具，而善计者可以不用算具求得结果。源自《史记·高祖本纪》"夫运筹策帷幄之中，决胜于千里之外，吾不如子房"的成语"运筹帷幄"，意思是军事指挥将领在室内对战争的全局进行周密的策划，其中的"筹"已引申为谋划、计谋之意。

知识链接

孔门六艺里有没有数学？

说到孔门的六艺，往往会有争议。有人说“六艺”是指礼、乐、射、御、书、数，有人说是《诗》、《书》、《礼》、《乐》、《易》、《春秋》。《史记·孔子世家》说：“孔子以诗、书、礼、乐教，弟子盖三千焉，身通六艺者七十有二人，如颜浊邹之徒。”朱彝尊《经义考》云：“孔门自子夏兼通六艺而外，若子木之受《易》，子开之习《书》，子舆之述《孝经》……”大致说来，孔子之前和孔子生活时期，讲“六艺”是讲古代教育的老六艺，但以礼为主。把《诗》《书》《礼》《乐》《易》《春秋》称为“六艺”，应当是孔子去世以后的事情了。可名曰六经新六艺。

“六艺”是古代儒家要求学生掌握的六种基本才能。《周礼·保氏》说：“养国子以道，乃教之六艺：一曰五礼，二曰六乐，三曰五射，四曰五驭，五曰六书，六曰九数。”礼，礼节，即今德育。乐，指音乐。射，是射箭技术，用以锻炼体格，修养品格。御，驾驭马车的技术。书，即书法，属于文学。数，算法，即今数学。曲阜建有孔门六艺城，可方便现代人亲身体验孔门几千年前就致力于培养多才多艺的复合型人才的先进教育理念。

作为“六艺”之一的“数”，当时已开始形成一个学科，其中细目有九个，称为九数。九数具体包括哪些内容，《周礼》没有记载，但据东汉末经学家们的注解，九数包括方田、粟米、衰分、少广、商功、均输、方程、赢不足、勾股等，这些细目与东汉时编著的《九章算术》的要目相差无几。

九数的“方田”是讲述分数的四则运算和平面图形计算田亩面积的方法。“粟米”讲粮食交换的简单比例计算。“衰分”讲比例分配的算法。“少广”讲已知面积、体积、求其一边长和径长的问题，即开平方和开立方的算法。“商功”讲土石工程中各种体积的算法。“均输”讲复比例和比较复杂的算术四则应用题以合理摊派赋税的问题。“盈不足”讲盈亏类问题解法（双设法）。“方程”讲多元一次联方程组的解法和正负数的计算。“勾股”讲勾股定理的应用和简单的测量问题的解法。

与利玛窦合译第一部西方数学著作《几何原本》的明代学者徐光启十分强调“术数”与“周孔之教”的关系：“我中夏自黄帝命部委员隶首作算，以佐容成，至周大备。周公用之，列于学官以取士，实兴贤能而官使之。孔门弟子身通六艺者，谓之‘升堂入室’。使数学可废，则周孔之教舛矣。”（《徐光启集》卷二《刻同文算指序》）他主张用“术数”和“六艺”之学来沟通三代之经，非常有意识地将一个本来只具有工具性质的作为形而下学的科学提到与作为形而上学的道德性命之学相提并论的重要地位，这对于中国思想的发展是一个巨大的贡献。

36 “菱花”是什么花？

“菱花”原指菱角的花。菱角是生长在南方湖泊塘堰中的一种水生植物，开鲜艳的黄色小花，果实长在水下，有弯弯的角，因此俗称菱角。它的果实味道清脆香甜，广受人们喜爱。在古代一些诗词中“菱花”却多借指镜子。唐骆宾王《王昭君》诗：“古镜菱花暗，愁眉柳叶颦。”《牡丹亭·惊梦》写杜丽娘游园前梳妆：“没揣菱花，偷人半面。”古代以铜为镜，映日则发光影如菱花，因名“菱花镜”。庾信《镜赋》：“照日则壁上菱生。”《善斋吉金录》有唐菱花镜拓本，形圆，花纹作兽形，旁有五言诗一首，首句云：“照日菱花出。”即出于庾赋。铜镜因此有“菱镜”、“菱花”之称。

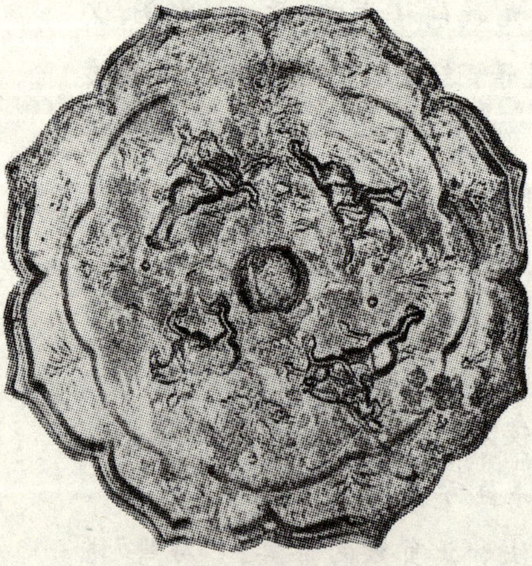

打马球画像菱花镜　唐

除了映日反光的缘由外，“菱花”之称也跟形状相关。唐代以前铜镜，外形多圆形，少数为方形。唐宋时期各种花式镜流行，其中形制为菱花外形的铜镜一般称菱花镜。人都有爱美之心，尤其是女人，“菱花镜”这一充满美感、古朴典雅的物品自然得到女人特别是像王昭君、貂蝉、杨贵妃这样的红粉佳人的喜爱，晨昏相伴，对镜贴花黄、理红妆，顿时相得益彰、相映生辉。由于青铜镜做工考究，价格昂贵，因此刚开始只能被王公大臣、巨商富户所接受和拥有，除了它的原有功用外，还作为体现高贵身份和地位的象征。后来流行开来，也只是进入了一些殷实、小康人家，无法进入寻常百姓家。近代根据化学上的银镜反应原理制成的水银镜传入我国后，由于价廉物美，逐渐被普通民众所接受和喜爱，无论客厅、浴室，都会挂上一块尺寸或大或小，样式或活泼或大气的水银镜，既方便正容、梳妆打扮，又能起到装饰作用。

知识链接

古人为什么用铜做镜子？

铜镜是中华民族青铜器中独成体系的妆奁器和工艺器，金石并用时期它作为新生事物崭露头角，战国时期逐渐占领了一些高端市场，汉唐时期开始流行，到宋元时渐渐衰落。我们今天

《女史箴图》中临镜梳妆部分

普遍使用的玻璃镜，大约是在明清时期才逐渐流行开来的。我们从文献史籍中可以发现，在古代“镜”与“鉴”常常是混为一谈的，故有镜鉴之称。唐太宗李世民作为一代明君，统治国家期间曾创造了“贞观之治”的丰功伟绩，关于他治国平天下的故事很多，他有一段流传至今的名言：“以铜为鉴，可以正衣冠；以古为鉴，可以知兴替；以人为鉴，可以明得失。”谈到了用铜器当鉴（镜子），可以梳妆打扮。《庄子·德充符》说：“仲尼曰：‘人莫鉴于流水，而鉴于止水。’”《广雅》云：“鉴谓之镜。”这说明古人用盆装水以鉴容颜，普通人用陶器盛水，贵族用铜器盛水。铜器反光作用好，如果打磨得很洁净，就是没有水也可以照见容貌。发现这一现象后，聪明的有心人就让铜匠将铜器锤打成扁平状，这就是铜镜的雏形。铜镜背面有花纹，背中心有镜钮，就是盛水铜器扁平化的遗痕。原来盛水铜器的花纹是在表面的，扁平化后则变成背面了，器足的根蒂就演变成了镜钮。这种具体的演变模式可以这样描述：止水→鉴盆中静水→无水光鉴→光面铜片→铜片背面加钮→素背镜→素地加彩绘→加铸图纹→加铸字铭。但不同时代的铜镜的风格也有所不同，其中以汉唐时期的艺术成就最高。从用盆装水照容发展到以铜铸镜，这一方面有赖于生产力的发展，另一方面也与人们生活需求的增长和审美能力的提高分不开。

37 形容金钱的魔力时常说“有钱能使鬼推磨”，为什么偏偏使鬼去推磨而不是去推车呢？

在商品社会里，钱（货币）是人人生活都离不开的东西，虽然当今在欧美发达国家信用卡盛行，但信用卡也是以个人收入、商业信用等为基础的，信用卡消费实质上还是在用钱进行商品和服务的交易。因此，我们虽然不能说金钱是万能的，但没有钱是万万不能的。在一些特定的条件下，金钱还起到不可低估的作用。"一文钱难倒英雄汉",《说唐》中秦琼卖马的故事就是明证。秦琼慷慨豪爽、任侠好义、武艺高强,但在落难时贫病交加、饥寒交迫,为了生存,先是典押了行走江湖、行侠仗义的兵器——金装锏,接着又被逼无奈,忍痛舍弃自己心爱坐骑,幸遇朋友相助才摆脱困境。"有钱能使鬼推磨"这一俗语,正是在这种意义上用夸张的手法把金钱的"魔力"表现得恰如其分。

由于这一俗语由来已久,因此在民间流传很广。《古今小说·临安里钱婆留发迹》这样写道:"此时钟明、钟亮拼却私财,上下使用,缉捕使臣都得了贿赂,又将白银二百两,央使臣转送县尉,教他阁(搁)起这宗公事……正是'官无三日紧',又道是'有钱能使鬼推磨'。"

据考证"有钱能使鬼推磨"这一俗语,出自南朝宋刘义庆的《幽明录·新鬼》,他杜撰了这样一段故事:有一个新到地狱的鬼,瘦弱不堪;在地狱中他遇到一个肥肥胖胖、精神十足的鬼,很是羡慕,于是就问他怎么变得这样富态的。那个鬼告诉他,只要到人间作祟,闹出点动静,人们一害怕,就会供奉东西给他吃。瘦鬼觉得这还不容易,于是高高兴兴来到人间。但他不讲方法和策略,既不调查摸底,又没有进行火力侦察,就冒冒失失闯入一户人家。见到厨房中有一口磨,抢步上前就推了起来。不巧的是这家人很穷,自己都缺吃少穿,又哪里有食物供奉给他呢?主人听到响动,快步来到厨房查看,却空无一人,只见磨在不停地转动。他感叹道:"天都可怜我太穷,派

明刊本《刘智远白兔记》

鬼来帮我推磨了。”结果不难预料，瘦鬼磨了半天，不仅没捞到半点吃的，还累得半死。这个故事，说的是瘦鬼莽撞冒失上了当，但他的原意是“作怪觅食”。但从另一个角度来看，就是只要给予一定的利益，也就可以驱使鬼为人推磨了。因此，后来人们就把“钱能通神”这句话通俗化，成为“有钱能使鬼推磨”了。因为有这样一个有趣的来历，所以就只有“有钱能使鬼推磨”，而没有有钱能使鬼推车的说法了。

知识链接（一）

铜钱与金、银等钱币之间是怎样进行兑换的？

铜钱是古代铜质辅币，圆形，中有方孔，为历代所通用，但形制不一。清代末年逐渐停止流通，被纸币替代。如今，根据存世量、品相等情况交易的铜钱价格悬殊很大，从一、二元一枚到上万元一枚不等。

在一些古代题材影视剧中，常常有用银子买东西的情节，这实际上纯属虚构。清朝以前，普通百姓日常使用的货币，其实只有铜钱（制钱）一种。这是什么原因呢？因为我国银矿数量少，产量有限，造成成品银的稀有而昂贵，普通百姓辛劳一年，也积攒不下多少银子。那时只是在富商间的大额商业交易中，才会用到银子作为支付手段。另外使用银子消费找零也十分不便，如果没有提前预约，径直拿着一锭银子去杂货铺买东西，店主可能会因为无法找零而束手无策、大感头疼的。

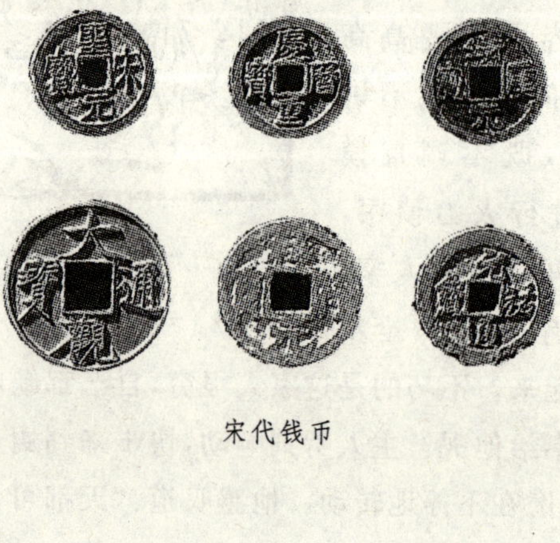

宋代钱币

直到清朝嘉庆年间开始，随着对外贸易的逐渐扩大，拉丁美洲出产的白银大量流入我国，才大大降低了我国的白银价格。也就是从这个时期开始，普通百姓才逐渐有了使用和拥有白银（银元）的机会。但对多数人来说，一块银元（约合7钱多银子）仍是很少用到的“大额货币”。

黄金的珍贵、稀缺使得它的流通性就更小了，只是作为财富的象征被少数上层人士及有钱人占有。北京故宫博物院就陈列有皇帝御用的金脸盆、金饭碗，皇后佩戴的金手镯、金凤钗等等黄金制品，极尽奢华之能事。

那么铜钱和金、银等货币之间是怎样进行兑换的呢？一般来说，一枚普通的铜钱（制钱）就是一文钱。用白银购买商品，要根据当时的银、铜间的比价换算成铜钱。这种比价随银、铜产量（供应量）的变化而不断调整，就像现在的外汇价格一样，是常常变动的，一般在1∶1000～1∶2000间变化。正常情况下，1两白银大约可兑换到1000～1500文铜钱。根据以下描述：“金银的比价从1600年前后的1∶8上涨到中期和末期的1∶10，到18世纪末则翻了一番，达到1∶20。”我们可以知道1两黄金大约可以兑换8～11两白银。古时通常说的1贯钱或1吊钱就是1000文。因此粗略估算一下的话，金、银和铜钱的兑换比例可以用下列等式表示：1两黄金＝10两白银＝10000文钱＝10贯（吊）钱。

知识链接（二）

古代的一两银子值多少人民币？

在唐太宗贞观年间，一斗米只卖5文钱。通常一两银子折1000文铜钱（又称一贯），就可以买200斗米，10斗为一石，即是20石。唐代的一石约为59公斤，以今天一般米价1.75元一斤计算，一两银子相当于人民币4130元。唐玄宗开元年间通货膨胀，米价涨到10文一斗，也是一两银子大约等于2065元人民币。一两银子到明朝中期价值人民币600至800元，至清朝中晚期由于大量外国银两涌入中国，其货币价值下降到不足明朝的三分之一，即一两银子约相当于200元人民币左右。

38 正月十五大家吃的汤圆为什么叫"元宵"呢？

元宵又名汤圆、圆子，还有面茧、粉果、元宝、汤饼、圆不落角等别称，直至明永乐年间才被定名为"元宵"。元宵节吃汤圆，是全国各地的共同风俗。这种食品相传出现在宋代，词人姜白石在一首《咏元宵》诗中写道："贵客钩帘看御街，市中珍品一时来。"这"市中珍品"即指汤圆，它用各种果饵做馅，外面用糯米面团成圆球状，煮熟后吃起来又香又甜，非常可口，因而深受广大百姓喜爱。由于这种糯米球煮在锅里时沉时浮，所以最早人们就叫它"浮圆子"。宋人周必大曾写过一首《元宵煮浮圆子》诗："今夕是何夕，团圆事事同。汤官巡旧味，灶婢诧新功。星灿乌云里，珠浮浊水中。岁时编杂咏，附此说家风。"因汤圆最初是专在元宵节上市供应的消夜（小吃），久而久之，人们为了便于记忆，便直接呼它为"元宵"了。

知识链接

为什么元宵节要张灯？

明人唐寅《元宵》咏道："有灯无月不娱人，有月无灯不算春。春到人间人似玉，灯烧月下月如银。"元宵之夜，大街小巷张灯结彩，人们赏灯，猜灯谜，吃元宵，成为世代相沿的习俗。因此，元宵节也叫"灯节"、"灯夕"。为什么元宵节要张灯呢？民间有几种有趣的传说。

相传汉武帝时宫中有一位宫女，名叫"元宵"，她长年幽居宫中，因思念父母，终日以泪洗面。个性既善良又风趣的大臣东方朔决心帮助她，于是对汉武帝谎称：火神奉玉帝之命于正月十五火烧长安，要逃过劫难，唯一的办法是让元宵姑娘在正月十五这天做很多火神爱吃的汤圆，并由全体臣民张灯供奉。武帝准奏。

到了那一天，元宵的妹妹领着父母来长安看灯，当她看见写有“元宵”字样的大宫灯时，高叫“元宵姐”，元宵闻声寻来与家人团聚了。从此元宵节张灯的习俗一直流传下来。

明木刻元宵灯景

也有人认为元宵张灯起源于汉朝，据说是汉文帝时为纪念“平吕”而设。汉惠帝刘盈死后，吕后篡权，吕氏宗族把持朝政。周勃、陈平等人在吕后死后，平除吕氏势力，拥立刘恒为汉文帝。因为平息诸吕的日子是正月十五日，此后每年正月十五日便定为与民同乐日，晚上京城里家家张灯结彩，以示庆祝。

还有一种说法，称张灯是一种媚神的手段。在道教信仰中有三尊神祇，分别称为天官、地官和水官。正月十五这天，天官给人赐福，称“上元”；七月十五这天，地官给人消灾，称“中元”；十月十五这天，水官给人赦罪，称“下元”。天官喜欢娱乐，地官喜欢热闹，水官喜欢灯火，所以人们在元宵夜大张灯彩、结群游观，而且举行猜谜、拔河、踏歌等各种娱乐活动，实在是为了同时取悦“三官”。

佛教徒则认为张灯与东汉明帝时佛教传入东土有关。据《僧史略》载，释迦牟尼示现神变、降服群魔是在西方12月30日，即东土正月十五日。为了纪念佛祖神变，提倡佛教的明帝便下令在元宵节，不论士族庶民，一律挂灯，以表示对佛教的尊敬和虔诚。如此，元宵张灯，既是宗教仪式，又成民间习俗。随着“火树银花不夜天”的娱乐性的不断增强，灯节的宗教色彩于是逐渐淡化。

39 过年为什么要吃饺子？

每年春节，我国大部分地区特别是北方地区的人都爱吃一种面制包馅食品——饺子，并逐渐形成了一句名谚：好吃不过饺子。由于体现出了团圆、美满、和谐的内涵，饺子受到了大家的喜爱。如今，不仅是过年，就是平时人们也爱吃饺子。包饺子时，一家人剁馅子的剁馅子，擀面皮的擀面皮，包饺子的包饺子，各显其能、配合默契，气氛既轻松又融洽，不知不觉中，关系贴近了，疲劳消除了，其乐融融。那么，为什么过年要吃饺子呢？这里除了“更岁”“吉利”之外，还有一段有趣的传闻。

饺子原名“娇耳”，相传是我国医圣张仲景首先发明的。张仲景从长沙太守任上告老还乡后，在南阳白河岸边，看见很多穷苦百姓忍饥受寒，耳朵都冻烂了。当时伤寒流行，病死的人很多。他心里非常难受，决心救治他们。他仿照在长沙的办法，叫弟子在南阳东关的一块空地上搭起医棚，架起大锅，在冬至那天开张，向穷人舍药治伤。

张仲景的药名叫“祛寒娇耳汤”，其做法是用羊肉、辣椒和一些祛寒药材在锅里煮熬，煮好后再把这些东西捞出来切碎，用面皮包成耳朵状的“娇耳”，下锅煮熟后分给乞药的病人。每人两只娇耳，一碗汤。人们吃下祛寒汤后浑身发热，血液通畅，两耳变暖。老百姓从冬至吃到除夕，抵御了伤寒，治好了冻耳。

张仲景开棚舍药一直持续到大年三十。大年初一，人们庆祝新年，也庆祝烂耳康复，就仿娇耳的样子做过年的食物，并在初一早上吃。人们称这种食物为“饺耳”、“饺子”，以纪念张仲景舍药治人的义举。后来，这种活动慢慢演变成了吃饺子的习俗。

知识链接

饺子的近亲馄饨、肉燕

饺子在其漫长的发展过程中，名目繁多，古时有“牢丸”、“扁食”、“饺饵”、“粉角”、“水饺”等等名称。唐代称饺子为“汤中牢丸”；宋代叫“角子”；元代称为“时罗角儿”；明末称为“粉角”；清朝称为“扁食”。现在，北方和南方对饺子的称谓也不尽相同。北方人叫“饺子”，南方不少地区却称之为“馄饨”。山西介休人把素馅饺子称为“煮饺”，而把肉馅饺子称为扁食。北方的回民和部分汉人也称饺子为“扁食”。由于地域的差异，逐渐形成南北两大饺子派系。南派以蒸饺居多，讲究造型。北派以水饺、汤饺居多，味浓、油润。西安、广州等酒店推出的百饺宴，更是具有百饺百态、“百饺百味，一饺一格”的特色。近年来，中国的饺子已经打入国际市场，和朝鲜饺子、俄罗斯饺子、印度饺子等当地洋饺争胜了。

馄饨与饺子是近亲，也是中国的传统食品，它源于中国北方。西汉扬雄所作《方言》中提到“饼谓之饨”，馄饨是饼的一种，差别为其中夹内馅，经蒸煮后食用。若以汤水煮熟，则称“汤饼”。古代中国人认为这是一种密封的包子，没有七窍，所以称为“浑沌”。后来由于它是面食，依据中国造字的规则，人们将它的偏旁改为食字旁，才开始称为“馄饨”。在那时候，馄饨与水饺并无区别。北齐颜之推说：“今之馄饨，形如偃月，天下之通食也。”所说偃月形的馄饨就是饺子。馄饨传到南方后进行了一些改进和完善，逐渐发扬光大，有了独立的风格。从唐朝起，正式区分了馄饨与水饺的称呼。

肉燕皮也与饺子有些类似，它是一种包馅食物，是福州著名的传统食品，已有数百年历史。相传，早在明朝嘉靖年间，福建浦城县有位告老还乡的御史，为求清净居住在山区。刚开始饱吃山珍，但时间一长就想换个口味。他提出这个要求后，他家的厨师马上行动起来，绞尽脑汁开发新的菜品和食物，其中有一种吃食是把猪腿的瘦肉用木棒打成肉泥，掺上适量的蕃薯粉，擀成纸片般薄，再切成三寸见方的小块，包上肉馅，做成扁食，煮熟配汤吃。御史吃在嘴里只觉滑嫩清脆，醇香沁人，连声叫好。他如获至宝地连忙让人请来厨师询问这是什么点心。厨师因为这种食物外形像飞燕于是顺口回答说叫"扁肉燕"。这种食物流传出去后，又被一些厨师进行了再创造，将扁肉燕与鸭蛋共煮。因为福州话里鸭蛋与"压乱"、"压浪"谐音，寓意"太平"，因此它又有"太平燕"的叫法。福州人逢年过节，婚丧喜庆，亲友聚别，必吃"太平燕"，取其"太平"、"平安"之吉利意思，故有"无燕不成宴，无燕不成年"的说法。肉燕也因此成为馈赠佳品，被福州人包括海外乡亲所钟爱。

40 人们为什么把一些喜欢吃的小零食叫做"点心"？

清顾张思的《土风录》卷六"点心"条下云："小食曰点心，见吴曾《漫录》。"《唐书》记载：唐郑傪为江淮留后，家人备夫人晨馔，夫人谓其弟曰："治妆未毕，我未及餐，尔且可点心。"同书又引周晖《北辕录》云："洗漱冠饰毕，点心已至。"后文说明点心为馒头、馄饨、包子等。由此可知点心古时亦指晨馔。在我们的现实生活中，吃早饭一般又叫做吃"早点"，显然还保留着"点心"与早晨的饮食有关的意义。

"点心"在南北有不同叫法。北方的点心有唐宋遗制，称为"官礼茶食"。据《土风录》云："干点心曰茶食，见宇文懋《昭金志》：'婿先期拜门，以酒馔往，酒三行，进大软脂小软脂，如中国寒具，又进蜜糕，人各一盘，曰茶食。'"南方的点心历史不长，约兴起于明朝中叶，有"嘉湖细点"。从文献上看来，点心与茶食两者原有区别，性质也就不同，但是后来混同在一起了。

关于"点心"这一名称的由来，有一种说法：相传东晋时期有一大将军(一说是南宋初的梁红玉)，见到战士们日夜血战沙场，英勇杀敌，屡建战功，甚为感动，随即传令烘制民间喜爱的美味糕饼，派人送往前线，慰劳将士，以表“点点心意”。从那以后，人们便将各种美味糕饼统称为“点心”，并且一直沿用至今。

现在我们所说的“点心”虽以糕饼为主，但已不局限于此，一些随意的小零食也包括在这个范围内了。

知识链接

天津著名包子为什么取“狗不理”这样的孬名？

清咸丰年间，河北武清县杨村（现天津市武清区）有个名叫高贵友的年轻人，其父四十得子，由于期望他能像小狗一样好养活，故取了乳名“狗子”。高贵友十四岁到天津学艺，在南运河边上的刘家蒸吃铺里做小伙计，练就一手好活。三年满师后，他精通了做包子的各种手艺，于是就自立门户，开了一家专营包子的小吃铺——“德聚号”。

由于高贵友手艺好，制作的包子色香味美，加上做事又十分认真，从不掺假，引得十村百里的人都慕名而来，生意十分兴隆。由于来吃包子的人越来越多，高贵友忙得不可开交。后来高贵友急中生智，想出了一个新的经营点子。顾客们想买包子，他要求先把零钱放进碗内，然后他按价给相应的包子。顾客们吃完包子，放下碗筷离店时，高贵友常常忙得顾不上跟他们说话。于是街坊邻里们都取笑他说：“‘狗子’卖包子，不理人”、“狗仔卖包子，一概不理睬”。后来，好事者干脆把他的包子店改名“狗不理”，把他制作的包子叫作“狗不理包子”，而高贵友对此也一笑而已，并不介意。此名一经传开，便一直沿袭至今，而原店铺字号却渐渐被人们淡忘了。

“狗不理包子”以其味道鲜美而名扬中外。其备受欢迎，关键在于用料精细，制作讲究。在做工上，它有明确的规格标准，每个包子褶花疏密一致，如白菊花形，都是15个褶。刚出屉的包子，大小整齐，色白面柔，咬一口，油水汪汪，香而不腻，所以一直深得大众百姓和各国友人的青睐。据说袁世凯在天津编练新军时，曾把“狗不理”包子作为贡品进献给慈禧太后。慈禧太后品尝后大悦，道："山中走兽云中雁，陆地牛羊海底鲜，不及狗不理香矣，食之长寿也。"创始于1858年的"狗不理"如今还有了谐音的洋名"Go Believe"。

41 为什么说"香菇"原本是"香姑"变来的？

香菇，是一种营养丰富的野生菌类，无论炒菜炖汤都美味可口，是宴席上的珍品。以前，野生香菇由于产量有限、价格昂贵，供应官府、富户尚且不够，因此普通老百姓根本无缘享受。如今，随着大规模的人工栽培，香菇已经成了价廉物美的菜品，走入了千家万户，普通老百姓也能够大饱口福了。说起"香菇"之所以叫"香菇"，还有一个十分动人的故事呢。

很久以前，巫山脚下住着一对纯朴善良的夫妻，结婚几十年都没个一儿半女。一直到老人满60岁时，才生了一个女儿，且一出生就天赋异禀、不同凡响，开口就能叫爹、娘。老年得娇女，让老夫妻俩大喜过望，他们搜肠刮肚、苦思冥想地为她取了个名字叫香姑。香姑长到13岁时，父母先后去世了，由于没有经济来源，她的生活顿时艰难起来。村子里有个财主早就垂涎于香姑的美貌，见此机会便假惺惺地派人上门对香姑嘘寒问暖，心里却打着乘机霸占她的如意算盘。香姑年纪虽小，但早就看穿了财主的用心，她怒斥并赶走了财主派来的人。财主看见来软的不行，就亲自带领家丁上门抢人。乡亲们听说后都替香姑担心。但香姑这时候气定神闲，她让乡亲们放心，说自己是天上的仙女，被派下凡来侍候两位老人，现在这件事情已经圆满完成，自己也该回去了。说着她拍手一招，天上马上飞过来一只五彩锦鸡，落到了香姑的身旁，她骑上锦鸡飞到了空中。这时坏财主刚好赶到，看到煮熟的鸭子要飞了，急忙命人用箭向香姑射去。只见香姑不慌不忙，从空中抛下一把小白子儿，将射出的箭倒撞了回来。恶有恶报，财主被箭射死了。那些白子儿落地后都慢慢变成了菌儿。乡亲们按香姑的吩咐，把这些菌儿采来煮菜，味道极为鲜美。为了纪念香姑，人们便把这种菌儿叫做“香菇”了。

知识链接

“香港”是怎么得名的？

关于香港地名的由来，有好几种不同的说法。一说是来自“香江”，故址在今薄扶林附近。早年岛上有一溪水自山间流出入海，水质香甜可口，为附近居民与过往船只供应了饮用的淡水，人们称它为“香江”。而香江入海冲积成的小港湾，也就被称为“香港”。二说是来自“香姑”。据说香姑是一个海盗头目的妻子，丈夫死后，她率领人马继续盘踞香港岛。香港，就是“香姑的港口”的意思。三说香港的得名与香料有关。万历以前，香港一带隶属南粤东莞县。从明朝开始，香港岛南部的一个小港湾（石排湾，即今日的香港仔），因转运沙田、大埔一带出产的“莞香”而出名，被人们称为“香港”。香料在这个港口集中，然后转运到中国内地、南洋以至阿拉伯国家。以上各说法中，“香港”与“香料转运有关”一说是比较合理、有根据的说法。可以大致肯定“香港”这个地名，起于明代，最初是指今天岛上的一个小港湾、小村落，后来才扩大为对整个岛屿（香港岛）的称呼。

42 为什么人们把杭州菜馆做的红烧肉叫做“东坡肉”？

“东坡肉”是杭州名菜，它是由猪肉炖制而成，一般是一块块约二寸许的方正形猪肉，一半为肥肉，一半为瘦肉，入口肥而不腻，带有酒香，十分美味，流行于江浙一带。制作方法是：将五花肉切成大块，用葱姜垫锅底，加上酒、糖、酱油，用水在文火上慢焖即可。“东坡肉”色、香、味俱佳，深受人们喜爱。这道名菜和宋代大文人苏东坡有什么联系呢？

据说“东坡肉”是苏东坡灵感突现、无心插柳创制的菜品。相传他在杭州刺史任上完成疏通西湖、修筑苏堤这一利国利民工程后，老百姓欢天喜地、奔走相告，一致认为苏东坡为地方办了一件大好事。听说他喜欢吃红烧肉，到了春节，老百姓不约而同地给他送去猪肉，表达拥戴和感激之情。苏东坡十分感动，再三推辞，但百姓的盛情难却，于是收下了猪肉，但如何处理这么多的猪肉？他决定与百姓有福共享。于是就让家人把肉切成方块块，采用他拿手的烹调方法烧制，连酒一起，按照疏浚西湖民工的花名册分送到每家每户。他的家人在烧制猪肉时，把“连酒一起送”领会成了“连酒一起烧”，结果烧制出来的红烧肉，更加香酥味美，食者大饱口福，盛赞送来的肉烧法别致，可口好吃。众口称赞之下，一传十、十传百，人们纷纷上门向苏东坡学烧“东坡肉”。后来演变成农历除夕夜，民间家家户户都制作东坡肉，用来表示对他的怀念之情。

另外，在湖北也有东坡肉的相关传说。相传“东坡肉”系苏轼这个潇洒的美食家被贬于黄州时，在贫困的生活中不忘创造享受美食的机会，仿照前人的做法改良，将烧猪肉加酒做成红烧肉小火慢煨而成。有《猪肉颂》为证：“净洗锅，少著水，柴头罨烟焰不起。待它自熟莫催它，火候足时它自美。黄州好猪肉，价贱如泥土。贵人不肯吃，贫人不解煮。早晨起来打两碗，饱得自家君莫管。”此菜在黄州发起，后传至南宋首都杭州，发扬光大，遂成杭州名菜。

知识链接

“西施舌”是一道什么菜肴？

西施和上面提到的东坡肉发明者有缘。苏东坡在杭州为官时，一首诗就把西湖变成了西子湖（《饮湖上初晴后雨》有“欲把西湖比西子，淡妆浓抹总相宜”的美喻）。西施是春秋战国时期越国的美女，也是中国古代四大美人之一，协助越王勾践成功复国，有关她的佳话在民间流传的很多。在我国烹饪史上与这位美女相关的传说也有不少，福建名菜“炒西施舌”就是其中一例。“西施舌”是福建长乐的特产——海蚌的别称，海蚌属瓣鳃软体动物，双壳贝类，《本草从新》说它补阴，益精，润脏腑，止烦渴。关于它的来历有一个凄美动人的故事。据传，春秋战国时期，越王勾践被吴王夫差打败后，知耻后勇、卧薪尝胆、励精图治，加上巧用美人计，一举灭掉了吴国。作为杰出贡献者的西施本应得到褒奖，但王后总觉得自己比不上西施的美貌，害怕勾践迷恋西施，重蹈吴王夫差覆辙，为此她耿耿于怀。为永绝后患，她偷偷地叫人骗出西施，在西施身上绑上大块石头，然后将她沉入大海。自古红颜多薄命，一代美女就此香消玉殒。后来沿海的泥沙中出现了一种类似人舌的海蚌，大家都附会说这就是西施的舌头，所以称它为“西施舌”。福建地区很早就有人取用它制作美味菜肴。因西施舌生长在咸淡水交汇处，肉质鲜嫩爽口，色、味俱全，十分受人欢迎，成为当地的美味佳肴。西施舌无论是煎、炒、拌、炖，其清甜鲜美的味道，都令人难以忘却。清人周亮工在《闽小记》中记载说：“画家有能品、极品、神品，闽中西施舌当列神品。”

西施

30年代著名作家郁达夫在福建的时候，也称赞长乐“西施舌”是闽菜中最佳的一种神品。他把西施舌称为“蚌肉”，说当时“正是蚌肉上市的时候，所有红烧、白煮，（他）吃尽了几百个蚌肉，总算也是此生的豪举”。郁达夫尽情享受“神品”美肴，令后人艳羡不已。

43 人们喜食的馒头又叫馒首，跟“头”、“首”有关联吗？

馒头是我国北方人的主食，许多人对这种食物十分偏爱，觉得既经济又实惠，几块馒头、一碗稀饭、一碟咸菜，很简单、很随意，吃起来既清淡又舒服养胃，不仅是早餐，就是晚餐也常常如此，一天不吃馒头都觉得有所欠缺、很不舒服。那么，馒头是怎么来的呢，为什么叫馒头呢？

中国人吃馒头的历史，至少可追溯到战国时期。《事物绀珠》记载“秦昭王作蒸饼”。萧子显在《齐书》中记载，朝廷规定太庙祭祀时用“面起饼”，即“入酵面中，令松松然也”。“面起饼”可以被看做是中国最早的馒头。

但人们最津津乐道的馒头的来历却出自《三国演义》。诸葛亮平蛮回至泸水，忽然阴云布合，狂风骤起，兵不能渡，回报孔明。孔明问孟获，获曰：“泸水原有猖神为祸，用七七四十九颗人头并黑牛白羊祭之，自然浪平静，境内丰熟。”孔明曰：“我今班师，安可妄杀？吾自有主意。”遂命行厨宰杀牛马，和面为剂，塑成人头，眉目皆具，内以牛羊肉代之，为言“馒头”奠泸水，岸上孔明祭之。祭罢，云收雾卷，波浪平息，军获渡焉。后明人郎瑛《七修类稿》记：“馒头本名蛮头，蛮地以人头祭神，诸葛之征孟获，命以面包肉为人头以祭，谓之‘蛮头’，今讹而为馒头也。”

从诸葛亮用馒头代替人头祭泸水之后，馒头就开始成为宴会祭享的陈设之用。晋束晰《饼赋》：“三春之初，阴阳交至，于时宴享，则馒头宜设。”说的是三春之初，用馒头进行祭拜，祈祷一年风调雨顺。那时馒头都是带肉馅的，而且个头很大。

唐代以后，馒头的形态变小，有称作“玉柱”、“灌浆”的，《汇苑详注》:“玉柱、灌浆,皆馒头之别称也。”馒头的地位也不断攀升,逐渐登堂入室。不但名字叫得好听,而且被列为酒宴上的点心行列。宋代时馒头已经成为大学生经常食用的点心,所以《武林旧事》中称“羊肉馒头”、“大学馒头”。

馒头成为食用点心后,开始讲究外形美,不再是人头形态。因为其中有馅,于是就又称作“包子”。宋《燕翼诒谋录》记载:“仁宗诞日,赐群臣包子。”包子后注曰:“即馒头别名。”

不管有馅无馅,馒头一直作为供品中的重要内容。《居家必用事类全集》中,记有这样多种馒头,并附用处:“平坐小馒头(生馅)、捻尖馒头(生馅)、卧馒头(生馅,春前供)、捺花馒头(熟馅)、寿带龟(熟馅,寿筵供)、龟莲馒头(熟馅,寿筵供)、春蛮(熟馅,春前供)、荷花馒头(熟馅,夏供)、葵花馒头(喜筵,夏供)、毯漏馒头(卧馒头口用脱子印)。”

至清代,馒头的叫法发生了变化。北方把没有馅的称为馒头,有馅的称为包子,而南方则把有馅的称为馒头,无馅者也有叫做“大包子”的。《清稗类钞》辨馒头:“馒头,一曰馒首,屑面发酵,蒸熟隆起成圆形者。无馅,食时必以肴佐之。”“南方之所谓馒头者,亦屑面发酵蒸熟,隆起成圆形,然实为包子。包子者,宋已有之。《鹤林玉露》曰:有士人于京师买一妾,自言是蔡大师府包子厨中人。一日,令其作包子,辞以不能,曰:‘妾乃包子厨中缕葱绿者也。’盖其中亦有馅,为各种肉,为菜,为果,味亦咸甜各异,惟以之为点心,不视为常餐之饭。”但《清稗类钞》又把有甜馅者称“馒头”。“山药馒头者,以山药十两去皮,粳米粉二合,白糖十两,同入擂盆研和。以水湿手,捏成馒头之坯,内包以豆沙或枣泥之馅,乃以水湿清洁之布,平铺蒸笼,置馒头于上而蒸之。至馒头无粘气时,则已熟透,即可食”。

直到现在,馒头都没有一个统一的叫法。在北方,对没有馅的馒头,有称作“馍”、“卷子”,也有称作“包子”的。在南方,对有馅的馒头,也有称作“面兜子”、“汤包”的。但是不管是有馅的还是无馅的馒头,其实与诸葛亮当初创制的馒头已经大相径庭、相去甚远啦。

知识链接

《水浒》说武大郎每日做炊饼卖，他卖的是饼还是馒头？

在《水浒》中武大郎是个小商贩，自产自销，生产的食品叫做炊饼。炊饼具体怎么做，书中没有说明，但从武松出差前对哥哥的叮嘱："哥哥，假如你每日卖十扇笼炊饼，你从明日为始只做五扇笼出去卖！"我们能够略知一二。它说明这炊饼是用笼屉蒸出来的，所以又叫"蒸饼"、"笼饼"。古代面食通称为饼，炊饼既然是蒸制而成的面食，就可能是像今天的馒头、发糕之类的食品。据宋人顾文荐《负喧杂录》中考证：炊饼因蒸制而成，宋叫蒸饼，即今之馒头。到宋仁宗时，因宋仁宗叫赵祯，这"祯"与"蒸"谐音，为了避讳，宋人就把"蒸饼"改叫"炊饼"了。那蒸饼又是什么呢？《辞源》解释："即馒头，亦曰笼饼。"炊饼原来就是馒头。蒸饼起源很早，《晋书·何曾传》说何曾"性奢豪"，"蒸饼上不坼作十字不食"，裂开十字花纹的蒸饼就是"开花馒头"。《水浒传》也提到馒头，如孙二娘店里赫赫有名的"人肉馒头"，显然更像今天的包子，是带馅的。《三遂平妖传》故事也发生在北宋，第九回写任迁卖炊饼、烧饼、馒头、酸馅糕等，左瘸师买了个炊饼说："我娘八十岁，如何吃得炊饼？换个馒头与我。"拿到馒头，听说"一色精肉在里面"，又道："我娘吃长素，如何吃得？换一个沙馅与我。"然后又嫌沙馅吃不饱，仍然要换回炊饼。在书中任迁的炊饼一个卖七文，价格很便宜，算得上是价廉物美了。

44 过年时长辈为什么要给晚辈"压岁钱"？

春节是中华民族的传统节日，已经有几千年的历史了。每年一进入腊月，节日的气氛就一天比一天浓。尤其是天真烂漫的孩子们，更是怀着急切的心情盼望着新年的到来。“大人赛种田，小孩盼过年”，就是最好的写照。春节这个一年当中最受重视、内容也最丰富的节日，仿佛就是在他们的盼望之中一步步走来的。因为在这个节日里，他们会有新衣服穿，会有好东西吃，会有一些精彩节目看，还能够尽情地放些鞭炮，通宵不睡觉也不会受到家长的责怪。最重要的是，每一个孩子都会在除夕之夜或大年初一，收到父母和其他长辈们赠与的数量不等的“压岁钱”。随着改革开放，西风东渐，一些年轻人追求时尚地过起了洋节，其中圣诞节与我们的春节最为接近，稍有不同的是它的日期固定，为每年的12月25日，前后只有两天。圣诞节的前一天叫做圣诞平安夜。新年到来之际，由志愿者扮演的圣诞老人为孩子们送去一份份精美的礼物，与我们的压岁钱有异曲同工之妙，真是不谋而合。

那么给压岁钱这种习俗是怎样来的呢？据古书记载唐玄宗时宫廷里就出现了送“洗儿钱”的习惯和“散钱”的风俗。当时的宫内，嫔妃们常在元旦玩丢钱猜正反游戏，众王公大臣抓住这个机会不断地送钱给嫔妃和内侍以讨好他们。安禄山请为杨贵妃养子，玄宗专门赐给“洗儿钱”，既表示恭喜，也看作是长辈给新生儿镇邪去魔的护身符。这个风俗后来从宫廷传出，在民间也流行起来。到了宋元时期，“洗儿钱”被“压胜钱”所代替。每年除夕之夜，长者把特制的无法流通的压胜钱用红纸包好，悄悄塞在熟睡的儿孙枕下，第二天给他们一个意外的惊喜。这是原有的送“洗儿钱”的风俗和春日（元旦）散钱的风俗相混合，并移至春节而产生的。到了清代，民间将这一风俗改称给“压岁钱”。

知识链接

为什么元月叫“正月”？

我国民间现在仍然沿用的农历所划分的十二个月中，有三个月份是有别称的，即第一个月称“正月”，第十一个月称“冬月”，第十二个月称“腊月”。后两个月的称谓与天气有关，但第一个月称作“正月”却是与历法的制定有关。

西汉《尔雅·释天》中说:“夏曰岁,商曰祀,周曰年。”说明各个朝代过年的具体时间不同。夏朝以正月初一为一年的开始,商朝则以十二月初一为一年的开始,周朝以十一月初一为一年的开始,秦朝则以十月初一为一年的开始。到了西汉太初元年(公元前104年),汉武帝又恢复了“夏历”(即现在的农历),确定以正月初一为岁首。正月初一这一天又叫“元旦”,“元”者,始也,“旦”者,晨也。“元旦”也就是一年之中的第一天早晨。

由于上面所述古代各朝每年的起始月并不统一,比较混乱,以至于每个朝代都必须改正一次月份次序,从而改后的第一个月便叫“正月”了,意为改正。还有一种说法:这几代王朝之所以频繁更改月份的次序,是由于在这些朝代的统治者看来,既然他们做了首脑,居了正位,一年十二个月的次序,也得跟着他们“正”过来。据说“正”所以读作 zhēng(“征”)是因为秦始皇为避讳其名“政”而强行命令的。约定俗成、代代相传,因而今天我们仍将“正”读作“zhēng”。

45 新年登门的乞丐为什么和财神牵扯到一块了?

曾几何时,乞丐们开始扮演“送财神”的角色。在成都,正月初二为财神日。是日,乞丐面涂黄铜粉末,头戴黑纸乌帽,扮作财神,沿街求乞。而广州乞丐们每年到了除夕,便把事先准备好的大红纸印就几个字“发财”、“财神”、“一见大喜”、“开门大吉”、“迎接财神”等等之类,在半夜分头贴在商铺民居门上,当大年初一早晨,他们就沿户讨利市。福建的泉州,乞丐在年关时节还有“摇钱树”的民俗表演。他们每出常三两成群,提着带叶的树枝,上用红线结四五串铜钱,摇之则响,挨户去摇。每到一户,主人照例当场送上钱币酬谢,不会吝惜两三枚铜钱的。而且不论何地的乞丐,都担当了这一角色。这种习俗究竟是怎样形成的呢？

一说，新年财神登门的习俗，产生于神灵以异相访问人间的信仰基础之上。这一信仰在汉末已经在民间形成。《列仙传》中载有神仙化身为乞丐在人间周游的传说。这些传说中以异相来访的神灵具有“财神”的属性(《化身为“乞丐”的来访神》)。在清代《葛仙翁全传》叙述的佳话中，湖广孝感县卖豆腐的廉老汉因对乞丐装扮的葛洪加以厚待而获赐麟儿，富贵至极。不过，这种解说也还存在一些疑问：民间传说中神灵来访时间并不固定，而新年财神登门习俗为什么基本上集中在新旧年转换之际呢？

一说，在时间生命的流程中，年节处于新旧转换的位置，本质上是神的死亡与再生，并寓意着神重新创造世界的过程。作为新旧过渡转换时刻的年节习俗，其重要的特征就是与日常生活的有序相对应，表现为无序与价值的颠倒。古人将这种状态称为“混沌”或“乱岁”。财神以与自己平日的富有相反的面貌出现，就是年节期间价值颠倒的反映。这时乞丐所代表的是方死方生、处于转换状态的财神，他们的来临表明旧世界结束和新世界开始的过渡期尚未彻底结束。主人对之施舍的目的，不仅旨在改变这种“异相”财神的价值颠倒状态，也是通过主观努力促成年节顺利过渡与转换的有效手段。

趁年关例行的乞钱习俗，在宋代已开先例，宋孟元老《东京梦华录》卷十所载“打夜胡”即是，只不过有的地方是送财神，有的地方是装神弄鬼，存在名目差别而已。人们通过布施方式买通乞丐，实现娱神与自娱的目的，使乞丐充当了沟通凡人与鬼神之间联系的角色。它已成为汉族及一些少数民族基本都能接受的习俗。按国人信仰，明知面前是个捧着“水货”金元宝的乞丐，但此时此刻，谁愿将“财神”拒之门外？于是主事家总是恭恭敬敬地奉上预先用红纸封好的钱包，以谢“财神”的惠顾，纵然“财神”联翩而至，主人也不以为多，反以多财多喜而欢慰。

知识链接
丐帮

乞丐最初是一群匿名姓的伙众，他们的乞讨行为大多是以个人方式出现的，发展到后来，始出现了丐帮这一群讨群要、分工合作的集团形式。从具体的历史进程看，丐帮的形成大体在两宋时期。当时发达的商品经济，繁荣兴旺、丰富多彩的城市经济生活，以及在诸多因素交互作用下各种社团、群体的大量涌现，为丐帮这一社会群体的产生提供了土壤。在当时的城市中，尤其是通都大邑中，作为丐帮首领与标志的帮主——“团头”之名即已出现，宋元话本及稗官小说中多见“团头”一名，最典型的就是《喻世明言》第二十七卷中《金玉奴棒打薄情郎》的记载。篇中考上进士后负心的才子莫稽，发迹前所娶佳人金玉奴，其父是南宋初杭州城中一位世袭了七代的丐帮帮主——“团头金老大”。他管辖着杭州全城的乞丐，收他们的例钱，给众丐的生活相应的照料，俨然族长、宗老一般。其家境之殷实，虽不一定是城中首富，也算富埒王侯了。清末民初之际，丐帮组织更趋发达，几乎每一地区，尤其是通都大邑，都有相应的乞丐组织。如北京的丐帮有“蓝杆子”、“黄杆子”两支。周德钧《乞丐的历史》将丐帮分为三类：一类是自发组织的，以普通型乞丐为主要成员

流民图

的丐帮，此类可名为“典型的丐帮”。第二类是由官方组织，或者官方间接参与组织的丐帮，这类组织以残疾型乞丐和普通型乞丐为主要成员。它源于历史上的官办救济组织，如“卑田院”、“养病坊”、“福田院”、“养济院”之类。清末民初之际，各地均有此类丐帮组织，如东北地区的“乞丐处”、“花子房”，泉州的“进贤院”，湖南的“养济院”、“栖流院”等等均属此。第三类丐帮组织叫“社团型丐帮”。主要形成于清代，它的成员多是一些因生计无聊暂时沦为乞丐的农民、小手工业者、城镇贫民等等，不是职业乞丐，他们的组织方式类似于会党，带有明显的政治性，其行为不限于乞讨求生，往往有明确的政治诉求，也时常与官方发生冲突。

丐帮既然是一种类似行业的社会群体，少不了也得弄个祖师来装点门面，并且这个祖师还要是个像样的人物，使人感觉到丐帮虽然是一群花子者流，倒还不是没有来历的。如此这般，丐帮的祖师也就“制作”出来了。如同丐帮门派纷杂一般，丐帮的祖师向来也歧说不一，大致有范丹（冉）、窦老、朱元璋、武老二（武松）、秦琼、伍子胥诸位，不过得到大多数乞丐认可并尊奉的是范丹。

范丹（112—185），陈留外黄人，字史云。传说孔子周游列国途中，困于陈蔡，在断炊乏粮的紧急关头，曾命弟子颜回向当地的乞丐头儿范丹借粮，虽只给了一布袋粮食，但师徒边走边吃，却食之不竭。这样看，他的来头着实不小，连儒家祖师都向他乞过食，所以丐帮弟子都乐得供奉范氏为祖师爷。

46 为什么底本叫做“蓝本”？

“蓝本”原是古籍版本的一种形式。明清时期，书籍在雕版初成以后，刊刻人一般先用红色或蓝色印刷若干部，以供校对之用，相当于现代出版印刷中的“校样”，定稿本再用墨印（称“墨本”）。

《书林清话》卷八载："其一色蓝印者，如黄记《墨子》十五卷，……此疑初印样本，取便校正，非以蓝印为通行本也。"由于蓝印本是一部书雕版之后最早的印本，因此就有"初印蓝本"之称。后来作为"著作所根据的底本"意义上的"蓝本"一词，就是从"初印蓝本"引申出来的。清初王士祯《居易录》云："今方修《一统志》，似当以旧《通志》为蓝本。"这里最早出现的"蓝本"一词，其含义已经不是版本学上的专用名词术语，而是底本的引申义了。

知识链接

"黄页"是什么书？

"黄页"是从英文"yellow page"翻译过来的，它最早起源于北美洲。1880年，世界上第一本黄页电话号簿在美国问世。这种按企业性质和产品类别编排的工商电话号码簿，相当于一个城市或地区的工商企业的户口本，国际惯例用黄色纸张印制，故称黄页。经过了一百多年的发展，在美国和欧美地区也是非常大的产业了，在美国可以达到140—150亿的产值。黄页在中国经历了两个阶段：最初，黄页就是公司的电话号码本，没有开发类目下的广告。90年代之后，随着中国广告市场的开发，整个黄页也进入了商业化运作的阶段。除了电信公司依托自身庞大的企业数据库，在全国几百个城市出版的传统纸质黄页，还有所谓的"网上黄页"，就是将传统黄页搬到网上，利用互联网为载体，在网上发行、传播、应用的电话号码簿。目前它同114电话查号台、传统黄页共同成为城市电话号码查询的三大查询方式。

47 中药治病为什么要"如法炮制"？

清代李汝珍《镜花缘》第九十八回叙述讨伐武则天的军队：

"即如法炮制，果然把阵破了。"日常生活中"如法炮制"也是人们常挂在嘴上的成语，形容照着现成的样子做。这种说法源自中药制作。为什么中药需要"如法炮制"呢？

炮制，古代称为炮炙、修治、修事等，是药物在应用前或制成各种剂型以前必要的加工处理过程，包括对原药材进行一般修治整理和部分药材的特殊处理。一般来讲，按照不同的药性和治疗要求，应有多种炮制方法。炮制是否得当，直接关系药效，而少数毒性和烈性药物的合理炮制，更是确保用药安全的重要措施。

药物性味都是其自身所固有的，并且各有所偏，在治病的同时也给身体带来不利影响，如太寒则伤阳，太热则伤阴，太苦则伤胃，太辛则耗气等。而"炮制"可以损其有余，扶其不足，趋利避害。如大黄一药，性味苦寒，具有清热泻火、利胆退黄的作用，生用则气味重浊，苦寒沉降，泄热攻下峻烈；若酒润炒干，其力稍缓，并借酒引药上行，可清上焦之热；而炒炭后，寒性锐减，偏于平和，并有良好的止血功效。一味大黄的不同炮制方法，可以显示出多种功用。故有"醋制归肝经，蜜制归脾经，盐制归肾经"之说。

总之，中药通过不同方法和不同的辅料炮制后，可以明显提高疗效。我国药物炮制法的应用与发展，已有很悠久的历史。现代的炮制方法在古代的基础上有了很大的改进，大致可分为五大类型：一、修制：一种最简单的炮制方法。包括拣、摘、揉、擦、磨、刷，刮、镑、刨、剥、切、捣、敲，碾、簸、箩、筛、劈、锯、扎、榨等项目。二、水制：将药材用水洗、浸泡等方法加以处理。三、火制：凡将药材直接或间接（或加入其他辅料）放置火上加热处理的方法。四、水火共制：将药物通过水、火共同加热，以改变性能，同时也起矫味作用的制法。五、其他制法：常用的有制霜（如巴豆霜）、发酵（如六神曲）、发芽（如谷芽）等。

知识链接

中药的取名之法

中药的来源广泛，品种繁多，其名称也较复杂，但命名一般也有一定的规律可循，概括起来有以下几种：

一、以故事传说命名。如收涩止血药“禹余粮”，相传是上古大禹治水弃于江边和山岗上的余粮变化而来的。活血通经药“刘寄奴”与宋武帝刘裕射伤大蛇后发现的草药相关。其他如“徐长卿”、“何首乌”、“杜仲”、“牵牛子”等名，都有一个美丽的传说。

二、按产地命名。如四川产的川乌、川芎、川贝母、川楝子、川牛膝等，东北产的北细辛、北口芪、关防风、关木通、辽五味等，浙江产的杭白芍、杭菊花等，江苏产的苏薄荷、苏藿香等，河南怀庆府（今新乡地区）产的怀生地、怀牛膝、怀山药、怀菊花等，一般以主产区来命名，多为当地的地道药材。从国外进口的则多冠以胡、番等名，如胡椒、胡麻仁、胡桃仁、胡黄连、番木鳖、番泻叶、西洋参、高丽参等。

三、因形状而得名。有些中药，奇形怪状，与其他药物差别很大，于是古人就通过形态来命名中药。如“白头翁”，酷似人之白发。“胡王使者”，则因其长毛与古代西北地区少数民族所蓄发型相似。其他如“牛膝”、“乌头”、“瓦松”等，也皆因形得名。

四、按药用部分命名。植物药中的葛根、芦根、板蓝根，桑枝、桂枝、紫苏梗，枇杷叶、桑叶、艾叶，芫花、金银花、菊花，车前子、杏仁、菟丝子，陈皮、五加皮，分别以根、茎枝、叶、花、种子、皮等部位入药。以动物、虫类的器官、组织入药的有鹿茸、鹿角、熊胆汁、猪胆汁、海狗肾、黄狗肾、鸡内金、地鳖虫、蚯虫、僵虫、全虫等。以矿石入药而得名的如朱砂、赭石、滑石、阳起石、花蕊石、海浮石等。中药中大多数以其入药部位作为命名的依据。

此外，以药物特有气味命名（如酸枣仁、甘草、苦参、细辛），以药物的颜色命名（如红花、黄连、青黛、白术、黑豆、紫草），以药物功效命名（如防风、泽泻、益母草、远志），以药物生长特点命名（如半夏、夏枯草、忍冬藤、万年青、冬虫夏草），按译音命名（如诃黎勒、曼陀罗）等，也都是中药取名的常用方法。

48 医生所开药方中的“药”与“方”有无区别?

村医图(局部)

平常人们说“去找医生开个药方”,但这“药方”究竟是“药”,还是“方”,却不大容易说清楚。对于药与方的问题,近代著名中医任应秋先生曾说:“方之与药,是难以区分而必须区分的。”有人说开单味药物的为“药”,配伍组合让药形成君臣佐使的为“方”,但是独味而成方的也不少见,所以他认为泛知药味的一般功用的医生,无论其开出多少,只能谓之“药”。而高明地针对病情开药,哪怕只有一味药,皆可称之为“方”。因此,医生在下笔开药方的时候,即使病人不知要索取的是方是药,但医生却应对症施药,做到有理有法,有药有方。脉学专家张树才先生有首诗说得好:“世间有药没有方,祖先因病才创藏。死方活路为辩证,中华瑰宝放光芒。”

知识链接

方剂是怎样组成的?“七方”、“十剂”是些什么方,什么剂呢?

所谓方剂,通常都是指复方而言。方剂的组成一般有主、辅、佐、使四个部分。一、主药:就是治疗主病、主症,起主要治疗作用的药物。二、辅药:是辅助主药治疗主病、主症,以加强主药疗效的药物。三、佐药:即对主药起制约作用或协助主药治疗兼症的药物。四、使药:一般是指“引经药”,或调和诸药的药物。以上四个部分,也可简括为主药和辅助药两个部分。组合简单的方剂,除了主药之外,其他方面也不一定都具备。如“芍药甘草汤”只有主药及辅药,“左金丸”只有主药(黄连)及佐药“吴茱萸”。在应用时,可根据病情灵活使用,还可在常用成方的基础上创制新的方剂。

我国医学方剂分类,历来推崇“七方”、“十剂”之说。“七方”最早见于《素问·至真要大论》,即大、小、缓、急、奇、偶、复。至金代成无己《伤寒明理论》才明确提出“七方”之名。大方,味多量重力猛,一次服完,适用于邪气强盛,病有兼症,如大承气汤。小方,味少量轻,多次内服,能治上焦病,适宜邪气轻浅,病无兼症,如葱豉汤。缓方,药味多,气味薄,缓缓攻逐邪气,或以缓和药治本,适用于慢性虚弱病症,如四君子汤。急方,气味雄厚,药性强烈,荡涤作用较速,是治疗急病重症的方剂,如回阳救逆的四逆汤。此外,方剂的药味合于单数的叫做奇方,用于治疗病因单纯的病症;合于双数的则称偶方,用于治疗病因相对复杂的症,故需要用两种以上主药。所谓复方,是指两方或数方结合使用,适用于复杂的病情或久治不愈的慢性病。大、小、缓、急、奇、偶、复七方,体现了七种不同的治病组方法则,堪称论病遣方之准绳。

“十剂”据明代李时珍《本草纲目》记载,出自北齐徐之才的《药对》,也有人认为出自唐代陈藏器的《本草拾遗》,但两书均已佚失,无从查考。据《证类本草》、《本草纲目》、《医述》等书记载,“十剂”为宣、通、补、泄、轻、重、滑、涩、燥、湿十种,至宋赵佶《圣济经》才正式定为“十剂”。以方剂的功用而言,岐伯夫子曰:“宣可去壅”(抑郁症宜用宣剂治疗),“通可去滞”,“补可去弱”,“泄可去闭”,“轻可去实”,“重可去怯”,“滑可去著”,“涩可去脱”,“燥可去湿”,“湿可去枯”(气、血、脏、腑、内、外、久、近等燥症以湿剂通治为佳)。后人在此十剂的基础上,又有增损变化，如元代的王好古说："寒可去热，大黄、芒硝之属是也。热可去寒，附子、官桂之属是也。"明代缪仲淳又在十剂内增升、降二剂（《本草新编·十剂论》）。清代汪昂《医方集解》最详，分为二十二门。

除了"十剂"、"七方"外，中医方剂中常见的称谓还有验方、经方、时方、秘方等。验方是指临床反复使用而有效的方剂。验方中实际也包括部分单方和秘方。单方是指单味药或简单药味组成的方剂。秘方是指有效而不外传的方剂（包括部分私家方和师传方），古称"禁方"。时方指宋元以后所通用的方剂。经方是古代方书的统称，包括张仲景的《伤寒杂病论》中的方剂和《伤寒论》以前的经方，如《五十二病方》、《汉书·艺文志》中所载的经方十一家等，又称经典方。

49 我国古代有医疗机构吗？

供奉于内廷的医师或医疗机构，我国自古已有，但其职官设置及其体制，各朝之间互有异同。周官有医师上士、下士，掌医之政令。秦置太医令。西汉时太常、少府都有太医令。属太常者为百官治病，属少府者为宫廷治病。东汉、曹魏沿置。隋唐设太医署，其主管官员为太医署令。宋有医官院，金代始改名太医院，其长官为提点。从金至清，太医院作为全国性医政兼医疗的中枢机构延续了七百多年。

太医院的职责是，"掌医之政令，率其属以供医事"，归内务府直接管辖。

明清时期的太医院已有相当规模。明代太医院设置大方脉、伤寒、妇人、小方脉等 13 科。清代的太医院分科，顺治年间为 11 科，至同治年间只剩下 5 科。清太医院为五品衙门，医务人员都有相应的职位。太医院的院长叫院使，为正五品官，副院长叫左、右院判，官居六品。御医10～15人，官居八品。另有吏目10～30人，医士20～40人，医员30人，统称官士。还有制药人员若干。清廷御医多来自江苏、浙江一带。这是因为，温病学等重大的医学创造与发明多产生在经济文化比较发达的江南水乡的缘故。

太医院的人事制度，在通常情况下，是严格按照品级等第，一步步升迁调动的。院使员缺，由左院判升补；左院判员缺，由右院判转补；右院判员缺，由御医升补；御医员缺，由吏目升补；吏目员缺，由医士升补；医士员缺，由医生升补。医官的题授大体是：除院使、院判外，自御医以下遇有缺出，该院堂官首先在内直医官中选拔提名，申递礼部转咨吏部任命，如内直医官补完，才可从外直应升各官中选拔，并按俸开列申送。呈报前，有的还须经过考试。

光绪年间的太医院院使张仲元，是中国历史上最后一位太医院院长。光绪四年至光绪二十一年（1878～1895），张仲元曾多次为光绪帝和慈禧太后诊病，是这一时期太医院最重要、最有名的御医。张仲元，字午樵，生卒籍贯不详。他有抱负，敢于作为。宣统元年，张仲元上疏皇帝，请求变通太医院旧制，提高太医院的地位。清廷采纳了张仲元的建议，将太医院各级医官品级提升一级，从而使御医的各种待遇有所改善。西医西药广泛传入中国后，张仲元向慈禧、光绪提出了一整套创办培养中西医通用人才的办法，成为我国中西医结合医学教育的创始人之一。

知识链接

从《清明上河图》看到的宋朝医学情况

《清明上河图》绘有两个儿科诊所，一个骨科诊所，还有一间药铺，为北宋医学发展的成就和水平留下了珍贵而生动的记录。

在一幅画中，作者选取了两个儿科诊所，说明当时儿科已发展到很高的水平。画上儿科诊所，一个在挂在门前的挑子上大书“专治小儿科”字样，一个竖着一块“小儿科”的招牌，堂内坐着一位医生，旁边凳上有一人正牵着小孩请医生诊治，另有几位病人在候诊，站在门前向内观望。在骨科诊所处，门前有一块“专门接骨”的牌匾。图中标有“赵太远家”的药铺，从门前立着的高大招牌“治酒所伤真方集香丸”、“大理中丸医肠胃冷”，可知是专门诊治酒食所伤之脾胃病和专营此类药物的专科诊所。卖药处用柜台把买药人和卖药人隔开，与现代中药店形式已很相似。

《清明上河图》中的药铺

上述诊所的出现，说明当时医业分科已十分精细。宋太医局专设儿科，称“小方脉”，涌现出一批著名的儿科专家和儿科著作。外科、伤科此前统称为“金创折疡”，到宋代，外科、伤科才始有分科，出现了专攻骨伤科的医生。骨科、儿科学等已自成体系。据《东京梦华录》记载，当时的官、私、生、熟药铺、香药铺，遍及汴京城内，呈现一派生机勃勃的景象。像这种公共卫生、健康事业的长足发展情况，我们从《清明上河图》中可以窥其一斑。

50 古代为产妇接生的“产婆”为什么又叫“稳婆”？

稳婆，属江湖“三姑六婆”之列，是旧时以替产妇接生为业的人。因历史时期和南北地域及民族文化的不同，有“稳婆”、“产婆”、“收生婆”、“接生婆”及“老娘婆”等多种称呼。在民间，南方多称之为“老娘”，北方多称之为“姥姥”。凡干这一行的，她们一般在自家门口悬有招牌，上书“快马轻车，某氏收生”，或“祖传某奶收生在此”的字样。稳婆作为一种专门的职业，最初形成于东汉，到唐宋时期已非常盛行。

“稳婆”的称谓，始见于蒋一葵所著《长安客话》，后来，“稳婆”这一词便成为收生婆的通称。为什么把收生婆叫作稳婆呢？旧时，女人在家生育需要有人助产，这一行是不可缺少的。人们常把妇女生产分娩，比作“下地狱”、“过鬼门关”等，碰到难产、横生、倒产，则母子都难保。一家人的希望，就可能在一瞬间变为泡影。过去，由于科学不发达，卫生条件有限，喜事变丧事的情况时有发生。真是两命维系，生死攸关。如果接生婆有经验，临危不乱，处变不惊，或可凭着一双手应对诸如伤产、冻产、盘肠产等险状，使婴儿安稳降生，母子平安。收生婆非精良妙手、菩萨心肠，怎能承此重任？所以她们被称为“稳婆”，寓有希望其稳保母子平安的意思。

生儿育女是生命繁衍、传宗接代的大事。无论是帝王之家还是平民百姓，对此都极其重视。孕妇尚未分娩，亲戚便送来彩盆，盛满绣制彩衣、生枣栗果。分娩之前，稳婆也被早早地请来。虽说稳婆的技术落后，也枉送了不少生命，但在当时的条件下，她们接生助产，迎接了无数幼小生命，功绩是不可否认的。干稳婆这一行的多是中年妇女，而且是世代相传的手艺。只是家家都把这种手艺传给儿媳，而不传给女儿。因为她们认为，女儿出嫁后，便是别人家里的人，技术也会随之传给异姓外家。

知识链接

海外华人居住的地方为什么习惯称为“唐人街”？

唐人街最早叫“大唐街”。1673年，纳兰性德《渌水亭杂识》：“日本，唐时始有人往彼，而居留者谓之‘大唐街’，今且长十里矣。”1872年，志刚《初使泰西记》载：“金山为各国贸易总汇之区，中国广东人来此贸易者，不下数万。行店房宇，悉租自洋人。因而外国人呼之为‘唐人街’。建立会馆六处。”现在海外很多地方，唐人街已经成了中华文化区的代名词。无论商业，还是娱乐，以及各种文化设施，都体现了东方华夏的色彩。李欧梵有一篇有关唐人街的随笔，题目就叫《美国的“中国城”》(1975)，文章说：“唐人街是老华侨的温床，新华侨的聚会所，也是美国人眼里的小中国。”

资料显示，大概在唐宋以后，海外华人便开始被称为“唐人”，中国式的服装也称为“唐装”。按照过去的解释，都认为大唐强盛，声名远播，故旅居海外的华侨、华人往往称自己是“唐人”，他们聚居的地方便称为“唐人街”。若从历史考察，便会发现还包括更深刻的含义。传统认为，唐尧三代是中国最早的太平盛世。历史上最早的明君尧帝，就称为“唐尧”。据文字解释：“尧称唐者，荡荡道德至大之貌。”(《玉篇》)中国的百姓，向来喜欢太平，厌恶动乱，认为自己的祖国是一个“荡荡”广博的国家。因此，海外的华人，都喜欢把唐虞之世的“唐”字，作为理想的祖国的象征，把自己称为唐人，他们聚居的地方也就叫做“唐人街”了。“唐人街”是粤人华侨自创的名称。英语称“唐人街”为Chinatown，直译是“中国城”。

51 “爱屋及乌”是怎么回事？

我国自古流传一种迷信习俗，以为乌鸦是不祥之鸟，它落到谁家的屋上，谁家就要遭遇不幸。《诗经·小雅·正月》就有“瞻乌爰止，于谁之家”，可见古人多厌恶乌鸦，而绝少有人爱它的。为何又有所谓“爱屋及乌”呢？原来这句成语来自刘向《说苑·贵法》、伏胜《尚书大传·大战》等有关记载。当初周武王攻克朝歌之后，对于怎样处置商朝遗留下来的旧臣，心里没有把握，就找姜太公等商议。“太公对曰：‘臣闻爱其人者，兼爱屋上之乌；憎其人者，恶其余胥。’”意思是说：如果爱那个人，就连带喜爱他房屋上面的乌鸦，即便都认为它不祥，也不以为意了，如果憎恨那个人，就连他最低下的仆从家吏也会连带着憎恨。这句成语，一向被人们用作推爱的比喻。因为深爱某人，从而连带喜爱他的亲属朋友等人或其他东西，就叫做“爱屋及乌”，或称这样的推爱为“屋乌之爱”。

与中国的风俗不同，在日本，人临死时有乌鸦在附近的现象，被解释为作为超度亡者的鸦，在一旁看守死者，防止他的灵魂变成在人间徘徊行恶的怨灵，以致无法成佛。比较有代表性的八咫鸦，也就是三足乌鸦，是从中国传到日本的一种形象，后来成为武人贺茂建角身的化身，一个有三只脚，颈项上挂着八咫勾玉的神鸟，受天照派遣到人间，解救了因为迷路被困在熊野山中的神武天皇东征军，到现在熊野的那智神社依旧供奉着他。乌鸦，英语称 Crow，在日语中念 Kalasi。日本的乌鸦确实是有名得多，那是因为乌鸦不仅是国宝，也是日本神的象征。日本足球队的队徽是一只黑鸟，如果以为是和德国一样的鹰，就会被人纠正道：“是乌鸦。”

知识链接

为何说古代名句“问世间情为何物”源于两只大雁的生死情？

金章宗太和五年(1205)，十六岁的元好问赴并州(今山西太原)应试途中，遇见一个捕雁的人，对他说：“今天抓到一只雁后，马上把它杀了。不料它的已经脱网的同伴在旁边悲鸣，不想飞走，竟然从空中自投于地，摔死了。”

元好问被大雁殉情的故事深深感动，就从捕雁者手上买下两只雁，将它们合葬在汾水旁，坟上累石作为标记，号曰雁丘。同行的人大多赋诗为赞，他也作了《雁丘辞》。由于当时的旧作不协音律，后来他又把它改写为[摸鱼儿]词："问世间、情为何物，直教人生死相许？天南地北双飞客，老翅几回寒暑。欢乐趣，离别苦，就中更有痴儿女。君应有语，渺万里层云，千山暮雪，只影向谁去？横汾路，寂寞当年箫鼓，荒烟依旧平楚。招魂楚些何嗟及，山鬼暗啼风雨。天也妒，未信与，莺儿燕子俱黄土。千秋万古，为留待骚人，狂歌痛饮，来访雁丘处。"

近年来琼瑶的小说改编而成的电视剧《梅花三弄》主题歌，经姜育恒深情的演唱，在神州广为流传。歌词"红尘自有痴情者……问世间情为何物，只教人生死相许。看人间多少故事，最消魂梅花三弄"，本来袭用了元好问词中名句和典故，可惜知之者并不多。

52 心里高兴、愉快，可以称为"欢喜"，"欢喜"的本意是什么呢？

"欢喜"本是佛教名词，梵语为 pramudita，音译波牟提陀，即接于顺情之境而感身心喜悦。亦特指众生听闻佛陀说法或诸佛名号，而心生欢悦，乃至信受奉行。修行历程中，有各种不同层次的欢喜。其中，修证至初地之果位，乃真正之欢喜，故初地菩萨称为欢喜地菩萨。据天亲《十地经论》卷二载，欢喜地菩萨之欢喜，乃指心喜、体喜、根喜，其欢喜有九种：(一)敬信欢喜，(二)爱念欢喜，(三)庆悦欢喜，(四)调柔欢喜，(五)踊跃欢喜，(六)堪受欢喜，(七)不坏他意欢喜，(八)不恼众生欢喜，(九)不嗔恨欢喜。若依日本净土教的主张，则欢喜特指由于佛陀之救度，或由于决定往生净土，而产生的由衷喜悦，故常用"信心欢喜"、"踊跃欢喜"来形容。如果因现世的信心坚固而得入于不退位的欣悦，则称为“庆喜”。

佛教各派均有佛像，但欢喜佛唯密宗所有，只有藏传佛教（喇嘛教）寺庙中才有供奉。这种佛像一般作男女二人立姿裸身相抱之形。相传崇尚婆罗门教的国王毗那夜迦残忍成性，杀戮佛教徒，释迦牟尼派观世音化为美女和毗那夜迦交媾，醉于女色的毗那夜迦终为美女所征服而皈依佛教，成为佛坛上众金刚的主尊。除了象征镇压征服以外，欢喜佛的双像拥抱，男的代表方法，女的代表智慧，两者合一，即所谓方法与智慧双成的意思。“欢喜佛”还象征男女双修。这种说法来源于古印度原始宗教中的性力崇拜，认为男女双修，可以快速得道。阴阳相合而道成。修证所得，即为快乐。不过这快乐乃是信念的现象，并非男女的淫乐。欢喜佛供奉在密宗是一种修炼的调心工具和培植佛性的机缘。调心要令信所缘，对着欢喜佛观形鉴视，渐渐习以为常，多见少怪，欲念之心自然消除。

平常说“欢喜”游泳、拉琴时，其义已等同于喜欢、喜爱等动词，它原本的宗教义已淡化得鲜为人知了。

知识链接

“囍”字的由来

民间习俗，在新春佳节来临之际家家贴春联，并在门外的树干或墙壁上贴上“出门见喜”，而结婚时则通常喜欢贴上大红的双喜字——“囍”。

据说贴红双“囍”字的习俗与北宋的王安石有关。王安石二十多岁时从抚州临川赴宋都汴京赶考，途经马家镇时，暂住客店歇息。次日他在街上行走，偶见马员外家门口悬挂的走马灯上写着一句上联：“走马灯，灯马走，灯熄马停步。”王安石看罢沉吟半晌，心中叫好，但一时也没有想出下联，便暗自把它记了下来。事有凑巧，王安石到京城应考时，因交头卷而受到主考官的赏识，传他面试。主考官指着一杆飞虎旗道：“飞虎旗，旗虎飞，旗卷虎藏身。”要他对出下联。王安石马上想到马员外家看到的上联，便以此为对。考官见他才思如此敏捷，赞叹不已。

回程路过马家镇时，听说马员外以走马灯上的上联为题，悬赏征求下联，王安石便立刻赶去，用主考官的考题应对。马员外一见下联，满心欢喜，得知王安石尚未婚配，便要将女儿许配给他。王安石打听到马员外的女儿才貌双全，就答应了这门婚事。王安石和马小姐完婚的大喜之日，恰逢官差来报："恭喜王大人高中了！明日请赴琼林宴。"王安石喜上加喜，当即提笔在大红纸上写下一个大"囍"字贴在门上，并口吟一联道："巧对联成双喜歌，马灯飞虎结丝罗。"从此，"囍"字便作为新婚之禧的象征，一直流传至今。

王安石是古文大家，他认为古人制字，定非无义，因此作《字说》加以解释，如"鲵"字，从鱼从兒，合是鱼子，四马曰"驷"，天虫为"蚕"。将"囍"字附会为荆公所作，并非全是无根的杜撰之辞。

53 现在实业界有成就的人士，常被大家称赞为强人，若是女性，则奉送一个"女强人"之称，那么过去强人指的是什么人呢？

今日生活中的"强"字，语义是有本事，本领强，本领高，在人群之中出类拔萃，成就非凡，而它的反义词就是平凡，没什么大出息。但是古代"强人"却不包含现在这样的褒义。事实上，明清时期的章回小说一般都是把强人当作强盗，举《水浒传》第六回为证："他猜这个撮鸟是个剪径的强人，正在此间等买卖。"《辞海》对这一例的解释也只有一条义项："犹强盗。"

"强人"一词最初属于中性词。《宋史·兵志四》载："河北、陕西强人寨户，强人弓手，名号不一。咸平四年，募河北民，谙契丹道路，勇锐可为间伺充强人，置都头指挥使。"这说明宋时强人曾是边防军队中的一个兵种的称呼，类似现在的侦察兵，非但不是强盗，而且还是打强盗的官兵。大概从宋朝以后，由于时局发生了变化，社会动荡不安，强人也逐渐演变成为强盗，干起了剪径的勾当。《大宋宣和遗事》载："是时筵会已散，各人统率强人略州劫县放火杀人。”这里的强人就明显已变身而为强盗了。

知识链接

“绿林好汉”一词的来历

“绿林好汉”的“绿”字，不念绿茶的“绿”(lǜ)音，而念“lù”。绿林指绿林山(一说为当时京山四周绿色的山林)，在今湖北当阳境内。西汉末，荆州一带遇到连年的大饥荒，农民相率到野外水泽中掘草根为食。新市(今湖北京山境)人王匡、王凤替人家排难解纷，被推为首领。他们人数越聚越多，形成一支武装力量，不时攻击附近的乡镇，劫富济贫。他们隐蔽在绿林山中，因此被称作绿林军。绿林军的四处转战和入关，对王莽政权的最后覆灭，起了决定性的作用。后世遂称这种聚众抗官或劫富济贫的行为为“绿林起义”，将起义的英雄称为“绿林好汉”。以此视之，像《水浒》中的梁山人马，在官府眼中无疑都是强人，但在百姓心中却是拯救他们出水火的绿林英雄、江湖豪侠。国外这样的人士，除了著名的丛林“带头大哥”罗宾汉，还有银幕上家喻户晓的形象佐罗。

54 为什么“闲云野鹤”可用来形容人的无拘无束？

唐五代时，天下大乱，有一位叫贯休的和尚因写诗而出名，为了逃避战乱，来到越地。他写了一首诗，献给钱镠，要求晋见。宋计有功《唐诗纪事》卷七十五“贯休”里记载：“钱镠自称吴越国王。休以诗投之曰：‘贵逼身来不自由，几年勤苦蹈林丘。满堂花醉三千客，一剑霜寒十四州。莱子衣裳宫锦窄，谢公篇咏绮霞羞。他年名上凌烟阁，岂羡当时万户侯。’镠谕改为四十州，乃可相见。”

景福二年(893)九月，钱镠升任镇海军节度使，驻杭州，势力膨胀，隐然两浙之主。贯休原诗中“他年名上凌烟阁，岂羡当时万户侯”，讲的就是钱镠还没最后功成名就，还不够名上凌烟阁，正适合当时的情形。而钱镠将杭州经营得境安民丰，市井俨然，颠沛流离大半生的贯休看到了，欣然向往并且献诗是极其自然的。但钱镠不满足在杭州发展，他野心勃勃地想趁机争夺天下，于是派人对贯休说要他把自己诗里的十四州改成四十州，然后才接见他。贯休是个很有文人情怀的和尚，博学多才，志气高昂。因为个性躁急，难免狂傲侮慢，觉得不能接受：随便你，州也不能添，诗亦不能改。我和尚本来闲云野鹤，到哪里不是一样逍遥？于是就留下一首诗，飘然而去。诗曰：“不羡荣华不惧威，添州改字总难依。闲云野鹤无常住，何处江天不可飞？”钱镠后悔之下，就叫人去追赶，想让他回来，但已经晚了。贯休去投的蜀国，政风民生都不如吴越，但是贯休却认为是君子之国。蜀太祖王建很欣赏他，给他封了食邑八千、三品紫袍的佛教教务总管等重要官职。这种尊崇的地位，还有食邑的巨大实惠在吴越钱氏那里是无论如何得不到的，贯休可谓适得其所。后人因此将贯休这种无拘无束、来去自由比喻为“闲云野鹤”，也可以用来指生活闲散、脱离世事的人。如《红楼梦》说“独有妙玉如闲云野鹤，无拘无束”，还说秋爽斋主人探春是具有闲云野鹤般风格的人。

贯休《十六罗汉图》(局部)

知识链接

宋元画家为什么喜欢自称“道人”?

唐僧贯休“闲云野鹤”般的自由很为后人所羡慕。到宋元时期,便涌现了一批同样情趣的文人画家,不约而同地选择了“道人”的名号。

宋皇室成员的赵孟頫与元代画家中另一位官职显赫的李衎,一号松雪道人,一号息斋道人。方从义号方壶、不芒道人、金门羽客,黄公望号大痴道人(又称“井西道人”),吴镇号梅花道人、梅道人,高克恭晚号房山道人,杨维桢号铁崖、铁笛道人,连做了官的画家任仁发也自号月山道人。此类名号,比比皆是。

这些文人画家自号道人,有不少确实做过道士,如张雨、方从义、黄公望、倪瓒等,以黄公望最著名。他中年一度被诬入狱,宦海失意后,隐居江湖,遁入全真教,曾在苏杭一带开三教堂,广收弟子。有的虽非道人,但思想上深受道教文化的影响,有出世的心愿,喜归隐山林,讲求艺术上的平淡天真。我国金元时代盛行全真教,它主张返璞全性,性命双修,发展至元初达到极盛局面。全真教主张返璞与平淡,这与当时画家主张艺术贵有古意,在水墨山水创作上追求平淡自然风格的观念不谋而合,因此受其影响的画家为数不少。山水画也因此成为抒发道家思想的艺术形式。从他们取的道号,也足见道家在当时文人画家心中受尊崇的程度。自号道人这个表象,其实潜存着丰厚的人文传统,折射出他们对“闲云野鹤”生活方式的热衷与向往。

55 过去普通人为什么被称为“匹夫”?

古时候“匹夫”是指社会地位低下、经济地位也不高的芸芸众生、普通百姓。为什么普通人被称为“匹夫”呢?

匹，原来是一个数量单位，古代四丈为一匹。一说两丈为一端，二端为两，每两就成一匹，长四丈。两而成匹是相合之意，按照这个意义，夫妇阴阳相合，就叫做匹夫、匹妇。段玉裁注《说文》说："虽其半，亦得云匹……犹人言匹夫也。"说的是匹夫、匹妇也可单独拆离使用。经过若干年的发展，"匹夫"这个词的外延和内涵有所扩大，慢慢便不光指男子，而泛指普通人、平常人了。这在文学作品中也有所表现。诸葛亮第一次北伐中原时，蜀魏两军对垒祁山之前，七十六岁的王朗作为魏方军师自恃学士渊博、能言善辩，自不量力地想不费一兵一卒劝降诸葛亮，于是向诸葛亮阐述了一通"顺天者昌，逆天者亡"的理论，力劝诸葛亮倒戈卸甲投降。不料反被诸葛亮狠狠臭骂了一通，特别是点睛之笔"皓首匹夫，苍髯老贼"，更是振聋发聩，一语既出，气得王朗气血上涌、血压升高，脸色青一阵紫一阵，顿时感到眼前天旋地转，大叫一声，撞死在马下，成就了诸葛亮的又一段传奇佳话（见《三国演义》第九十三回）。

真正让"匹夫"两字焕发光彩、登堂入室，是由于成语"天下兴亡，匹夫有责"的广为流传。它由清代爱国文人顾炎武首创。顾炎武在著作《日知录》中说："有亡国，有亡天下，亡国与亡天下奚辨？曰：易姓改号，谓之亡国；仁义充塞而至于率兽食人，人将相食，谓之亡天下……保国者，其君其臣，肉食者谋之；保天下者，匹夫之贱，与有责焉耳矣！"梁启超在他的《饮冰室合集》中也加以引用："今欲国耻之一洒，其在我辈之自新……夫我辈则多矣，欲尽人而自新，云胡可致？我勿问他人，问我而已。斯乃真顾亭林所谓天下兴亡，匹夫有责也。"

"天下兴亡，匹夫有责"，阐述了一个浅显而深刻的道理，即不论身份地位高低，是在朝为官还是做平民百姓，每一个人都应该有以天下为己任，位卑未敢忘忧国的爱国主义思想，因为天下（国家）是所有人的天下（国家），因此每个中国人都要有责任感、使命感。这一名言的广为传播对增强中华民族的凝聚力、向心力发挥了重大的作用，无论是抗击外族入侵还是战胜自然灾害，它都是许多人的精神支柱和动力，逐渐成为名人名言中的精品，被许多普通人奉为座右铭。在今天建设社会主义和谐社会历史进程中，它也发挥了良好的鞭策、鼓舞作用，激发了全国人民奋发进取、只争朝夕的积极性、主动性。

知识链接
大丈夫

有一个与“匹夫”相关联的词叫“大丈夫”，这个词很有意思，而且许多人将它作为口头禅，张口闭口“我一个大丈夫如何如何”。另外，当遇到个别气量狭窄的男人与女人发生激烈争吵时，人们会既责备又善意地提醒他：“你一个男子汉大丈夫姿态高一点，让让她！”由它生发的句子很多，如大丈夫何患无妻、大丈夫能屈能伸、大丈夫行不改名坐不改姓等等。用来自我称呼时它有一种强烈的自信、自傲。由于它音韵铿锵，词义也充满褒奖与称赞，所以显示出一种慷慨激昂、光明磊落、掷地有声的意味。《孟子·滕文公下》记载了孟子与战国时期的纵横家景春讨论大丈夫的对话。景春曰：“公孙衍、张仪岂不诚大丈夫哉？一怒而诸侯惧，安居而天下熄。”景春认为，说到大丈夫，只有张仪、公孙衍这样的人才可以当之无愧。张仪和公孙衍两人，一连横，一合纵，相当程度上左右着战国时期的天下大势。由于以上二人“一怒而诸侯惧，安居而天下熄”，有一言九鼎、“成也萧何，败也萧何”的作用，因此景春由衷地佩服这两个人，称之为大丈夫。景春作为纵横家中的一员，思想上必然带有浓重的学派特点，因此难免出现胳膊肘向内拐的情况，对纵横家充满褒奖与赞叹。

对他的说法，孟子立场鲜明地坚决予以驳斥：“是焉得为大丈夫乎？子未学礼乎？丈夫之冠也，父命之；女子之嫁也，母命之，往送之门，戒之曰：‘往之女家，必敬必戒，无违夫子！’以顺为正者，妾妇之道也。居天下之广居，立天下之正位，行天下之大道；得志，与民由之；不得志，独行其道。富贵不能淫，贫贱不能移，威武不能屈，此之谓大丈夫。”在孟子的思想体系中，张仪、公孙衍这样的人不配称为大丈夫，他们展现更多的是小人得志、涂炭生灵，他们骑在人民头上作威作福，忘记了做人的根本，忘记了自己的衣食父母，是数典忘祖的势利小人。孟子认为只有做到“富贵不能淫，贫贱不能移，威武不能屈”的人才能称为大丈夫。我们今天提倡的以“八荣八耻”为核心的社会主义荣辱观，做人要自尊、自爱、自重、自强以及“权为民所用、情为民所系、利为民所谋”等和孟子的观点有许多异曲同工之妙。

56 《红楼梦》用没用过“她”？为什么后来又用了“她”？

大观园里有那么多太太、小姐、丫头，但《红楼梦》中却没有现代汉语里常用的一个人称代词“她”字。这是怎么回事呢？原来“她”字的问世，还是一个近代人创造的结果。1918 年，五四斗士之一的刘半农在《新青年》首先发表《她字的研究》，第一个把“她”字专作女性第三人称代词。从前，文章里的第三人称代词男女不分，都称为“他”。“五四”以后，有人用“伊”字代替女性的“他”，如鲁迅的文学作品；但“伊”与“他”并用常造成混乱，于是刘半农专门创造了一个“她”。“她”与“他”读音相同，而且符合口语习惯，很快得到各界人士的称赞和公认，各种字典也都收录了这个字。鲁迅高度评价刘半农的创造精神，说“她”字的创造是打了一次“大仗”。

今人看的《红楼梦》是清代曹雪芹的作品，流行的一百二十回本是 1791 年出版的，那个时候“她”字还没有诞生，所以书中找不到“她”。但是现代印行的《红楼梦》版本中，读者分明又可以找到这个字，如蔡义江先生的校本就是这样。该本《前言》说：在整理出版古典白话小说中，文字改革发展的成果是应该体现的。一个是“他”字，旧时代表了今天的“他”、“她”、“它”三个字，《红楼梦》当然也是不分的，只有“他”字。这次将它分开来了，这样做有利无弊，在很大程度上方便了阅读，就像繁体字改简体字一样，不是不尊重也不是擅改原著。所以这个本子的《红楼梦》

说到大观园里那么多的太太、小姐、丫头时，就按照今人的习惯开始用了很多的“她”字。

知识链接

你、我、他等自称、称人或物在古汉语中是怎样表示的？

你、我、他又叫“三身代词”。第一身是说话人自称的“我”，这第一人称在古汉语中来源甚古。与“我”同义的有“身”（魏晋南北朝时多见）、“侬”（吴人自称）、“奴”（唐五代时男女尊卑均可使用）。秦汉以后的口语里很可能已经统一于“我”，“吾”字只见于书面了。现在北方一些方言不说我、我们而说俺、俺们、咱、咱们，这是继承了元代的传统。

第二身代词“你”是“尔”，在正式场合写作“爾”。当“爾”的语音跟读音已经分歧之后，又在左边加上“亻”旁以示区别，于是出现了“你”。“你”的写法大概在南北朝后期出现，到隋唐之际已经相当通行。一直到北宋为止，文人笔下并不怎么避讳“你”字，后来的人反而拘泥起来，往往在相当接近口语的文字里写“爾”或“汝”。刻书时也往往有这种复古的窜改。现代普通话里用“您”字做你的礼貌式，虽然跟金元的“您”字是一个写法，但含义不同。早先的“您”虽有时用于单数，但以复数为主，代指“你们”，而且没有尊称的意味。

第三身代词有他、渠、伊等。在古文里，作宾语的第三人称用“之”字表示。“其”、“彼”也在“他”字流行前使用过。后来白话文兴起，用“他”字做第三人称代词，可以代男性，也可以代女性及一切事物。在唐代，“他”字的使用就很常见。“他”，也写作“它”。《诚斋集》有“五牛远去莫管他”句，这里“他”指物指事，我们现在表此意一般用“它”。

某，用法跟三身代词有关。口中说的是名字，记载的人用“某”字来替代，或是为了恭敬，或是省得罗嗦。如《三国志·魏书·邓艾》：“诸君赖遭某，故得有今日耳。”这里邓艾明明是照当时的习惯自称“艾”，而作史的人用“某”替代了。有时不知道其人的名字，或根本无其人，也可用“某甲”、“某乙”来称呼。

人家，对人、别人的称呼。“人”作“别人”讲，跟“己”相对，这是自古就有的。如“己所不欲，勿施于人”，这儿“人”作“别人”解。“别人”之后可以加“家”，如《红楼梦》第九回：“难道别人家来得，咱们倒来不得的？”“别人家”常简称为“人家”。有时口语中用“人家”代“我”，语气会显得婉转，更俏皮一些，如：“我的老太太，您这们啰嗦，人家怎么睡呀？”（《红楼梦》第十九回）

57 “三十而立”到底立什么？

三十而立，是《论语》中最令人耳熟能详的句子，也是当代人使用频率较高的词汇，它出自《论语·为政》：“子曰：‘吾十有五而志于学，三十而立，四十而不惑，五十而知天命，六十而耳顺，七十而从心所欲，不逾矩。’”

其译文是：孔子说：“我十五岁，有志于学问；三十岁，懂礼仪，说话做事都有把握；四十岁，掌握了各种知识，不致迷惑；五十岁，得知天命；六十岁，一听别人言语，便可以分别真假，判明是非；到了七十岁，便随心所欲，任何念头不越出规矩。”

古人将孔子尊称为孔圣人，他说自己“三十而立”，后人潜移默化地受到了熏陶和影响，进而见贤思齐，唯孔圣人马首是瞻，纷纷努力拼搏奋斗以期在三十岁之前能够完成一定的业绩，取得一定的社会地位，因此，人们说起“三十而立”既有勉励自己之意，又有给自己加压，增强自己的责任心、上进心的效果。

关于“三十而立”，古代还流传下来一个笑话。唐代高择的《群居解颐》和五代孙光宪的《北梦琐言》都记载了唐代节度使韩简读《论语》的故事：“节度使韩简，性粗质。每对文士，不晓其说，心常耻之。乃召一孝廉，令讲《论语》。及讲至为政篇，明日谓诸从事曰：仆近知古人淳朴，年至三十方能行立。外有闻者，无不绝倒。”他把“三十而立”理解为“年至三十方能行立”无疑是很荒唐的，滑天下之大稽，因而成为流传千古的笑话。笑过之后，我们应该从这则笑话中领悟到一些阅读古籍的正确方法，那就是不能望文生义、断章取义，而要根据前后文进行准确把握，做到理解透彻、深入浅出，这样才能达到古为今用的良好效果。

知识链接

为什么二十岁的男子古时候被称为“弱冠之年”？

一个人从呱呱落地，到牙牙学语、蹒跚学步，再到教育启蒙，经过漫长的成长过程，逐渐走向成熟，然后脱离亲人的养育、监护，开始承当起社会所赋予的权利和义务。由于成长过程的艰难和不易，古人要郑重举行一系列的礼仪来祈祷和标志当事人由不成熟向成熟的过渡，这种礼仪就是成年礼仪。由于男女的差别，成年礼又被分为成丁礼（或成男式）和成女式，传统中国则称作冠礼和笄礼。

《礼记·冠义》云：“三加弥尊，加有成也；已冠而字之，成人之道也。见于母，母拜之；见于兄弟，兄弟拜之；成人而与之为礼也。玄冠玄端奠挚于君，遂从挚见乡大夫与乡先生；以成人见也。”从上面的记载可知确实是古代的成年礼仪。

《礼记》所载周代冠礼非常复杂，后逐渐简化或与其他仪式合并。劲挺《延安风土记》载：延安人婚礼前三天行冠礼，“新郎挨户拜族里长者，为长者斟酒。亲朋共饮，新郎的父亲为儿子加冠。次日用红纸写‘乳名××，今值弱冠，更为官名’，贴在门前，表示成人”。这里的冠礼几乎是与婚礼合并的。因为按照中国最早的《礼记》，古代男子 20 岁行冠礼，所以 20 岁男子又称“弱冠之年”。近年来随着中国传统文化热的兴起，一些地方也开始时兴和流行为青年男女举行隆重的成人仪式，年龄则统一规定为年满十八岁的青年，成百上千的青年们聚集在一起庄严宣誓，场面宏大而热烈。国外也有日本等一些国家为即将迈入成人行列的青年举行成人仪式。成人仪式的举行一方面可以增强年轻一代的责任感、使命感，另一方面也能够使传统文化在年轻一代心中牢牢扎根，薪火相传。

58 为什么说“千里姻缘一线牵”？

“千里姻缘一线牵”常用来形容有缘分的男女能够打破时空的阻隔而最终携手步入婚姻殿堂。不过，成语中的“一线”不是婚礼上用来挽系一对新人的普通红绳，而是神话中“月下老人”专门掌管的赤绳。唐人李复言的小说《定婚店》讲述了这位月老用赤绳挽定男女的一段有趣故事：

唐代有个叫韦固的人，有一次路过宋城（今河南商丘）时，投宿在城里的南店。晚上，他看见一位老人，倚靠着一个布袋坐在石阶上，正在月光下翻看一本书。韦固凑上去一看，上面的文字自己一个都不认识，便好奇地询问他翻检的是什么书。老人道：“天下之婚牍（婚姻簿）耳。”韦固又问袋中何物。老人说：“赤绳子耳，以系夫妇之足。及其生，则潜用相系。虽仇敌之家，贫贱悬隔，天涯从宦，吴楚异乡，以绳一系，终不可逭。”韦固赶紧向他打听自己未来老婆的下落。老人翻书后告诉他，是店北头卖菜的瞎老婆子的幼女，时年才三岁。韦固闻讯大怒，暗中派人去刺杀此女，但只伤其眉心，未能取其性命。十年后，韦固任相州（今河南安阳）参军，受刺史王泰赏识并将女儿嫁给了他。此女容貌很美，但眉间总是贴着花子，洗浴时也不取下。韦固怪而问之，才知道她是过去遣人所刺幼女，后被王刺史抚养成人。韦固这才知道“天意”不可违。夫妻愈加恩爱，所生子女皆贵显。宋城县令听说此事后，就把韦固住过的客店命名为“定婚店”。

这就是“千里姻缘一线牵”的典故。韦固夫妻初识的宋城与结合的相州，两地相距较远，故用“千里”来形容。它宣扬了赤绳系足、姻缘天定的宿命思想。后人将牵红线的老人称为“月下老人”。由于他是传说中的媒神，因此为未婚男女牵线搭桥的媒人、红娘也常被尊称为“月老”。

知识链接

夫妻为何又称“冤家”？

天下男女的爱情与婚姻既然由月老来配定，人间夫妻为什么还有冤家、怨偶呢？俗话有“冤家路窄”、“冤家死对头”之说，众所周知，它们指的都是仇人。

“冤家”一词最早出自唐张鹜《朝野佥载》：“梁简文之生，志公谓武帝曰：‘此子与冤家同年生。’其年，侯景生于雁门；乱梁，诛萧氏略尽。”其最初含义是指仇敌。但在唐诗、元曲、明清小说中，“冤家”逐步演变成了对情人的称呼。所谓“不是冤家不聚头，冤家聚头几时休”，即指有爱慕恋情的男女。关于“冤家”一词的含意，应推宋人蒋津《苇航纪谈》中的解释最权威：“作者名流多用‘冤家’为事，初未知何等语，亦不知所云。后阅《烟花记》有云：冤家之说有六。情深意浓，彼此牵系，宁有死耳，不怀异心，所谓冤家者一；两情相系，阻隔万端，心想魂飞，寝食俱废，所谓冤家者二；长亭短亭，临歧分袂，黯然销魂，悲泣良苦，所谓冤家者三；山遥水远，鱼雁无凭，梦寐相思，柔肠寸断，所谓冤家者四；怜新弃旧，孤恩负义，恨切惆怅，怨深刻骨，所谓冤家者五；一生一死，触景悲伤，抱恨成疾，迨与俱逝，所谓冤家者六。此语虽鄙俚，亦余之乐闻耳。”这六重含义，无不传达了男女之间那种又爱又恨、又疼又怨、缠绵悱恻的复杂情感，实际上都是指男女之间卿卿我我的爱情关系。

元杂剧《西厢记》中张生称崔莺莺是“稔色人儿，可意冤家”。清代《白雪遗音·马头调·人人劝我》说：“我爱冤家，冷石头暖的热了放不下，常言道：人生恩爱原无价。”《红楼梦》中贾母亦戏呼宝玉、黛玉为“两个冤家”。上述例子中的“冤家”也并非一般的恋人关系都可以这样相互称呼对方的，只有两情相悦，感情到了相当深的程度，才适用以“冤家”相称。用我们现在的思维来衡量，这一称呼恰是“正话反说”，是爱之至极的反语。

当然，作为爱称的“冤家”也只是“冤家”一词两义中的一义。另一义的“仇人”，也可以是昔日的爱侣、今日的夫妻。如果他们聚而不合，甚至不欢而散，分道扬镳，今后也不是不能变成“仇人相见，分外眼红”的“冤家”、怨偶的。

59 为什么随便闲聊叫“谈天”？

“谈天”一词，也作“聊天”，在日常生活中随处可见。人们在一起时，如果没有什么明确的目的，也没有什么统一的话题，就随便轻松地交谈，这被称作“谈（聊）天”。无论是“谈”还是“聊”，一般都只需要动一动口，也就是用嘴说。天，虽然有一个自然的范围，然而一旦开谈，却是海阔天空，无边无际，没有什么不可拿来作为“谈”、“聊”之资的。查考起来，“谈天”一词出现很早，最初见于西汉司马迁的《史记·孟荀列传》：“邹衍之术，迂大而宏辩……故齐人颂曰：‘谈天衍。’”战国末期，齐国的哲学家、阴阳家邹衍曾经游历了许多诸侯国，针对各国的现实状况，他常常发表大胆的言论，并写了不少文章。但他的文章具有主论很高且不通常理的特点，其研究方法是从小事物一直推衍到漫无边际。人们听了都忍不住拍手叫绝，但真正要推行他的理论却是感到非常困难。后来齐国的人都称邹衍为“谈天衍”。《史记》集解引刘向《别录》说：“邹衍之所言……尽言天事，故口‘谈天’。”随着时代进一步的发展，人们就把随便的闲谈称作“谈（聊）天”了。

知识链接

为什么人们把“神聊”叫做“侃大山”？

“侃大山”也称“砍大山”，最早是北京土话，上世纪70年代到80年代期间在北京青少年中成为流行语。《现代汉语新词语词典》有这样的解说："侃大山指没有中心话题，无意义、无目的、漫无边际地闲聊，北京俗语又叫'砍大山'。"四川人叫做"摆龙门阵"，东北人叫"白话儿"，还有些地方索性叫做"神吹"或"聊大天儿"。

"侃大山"本为"砍大山"。1988年，有位学者和他的研究生对北京青少年（14～25岁）流行语作调查，当问到不少调查对象："为什么叫'砍大山'？什么意思？"他们不约而同地回答说："就那么东一榔头、西一棒槌瞎砍呗！"砍，本义为用刀、斧等劈、斩，组成"砍大山"后才逐渐引出新义，有了"瞎砍"、"瞎扯"的意思。然而，"砍"字本身有很多义项，容易造成混淆，所以，后来就用读音相同的"侃"来替代了"砍"。"侃"的词性在历史上有一个转变过程。在先秦时代，"侃"只有叠用的形式——侃侃，是个形容词，如《论语·乡党》："朝，与下大夫言，侃侃如也"，形容说话者的样子从容不迫，理直气壮。到了元代，"侃"字开始单独作动词"说话"使用。如"你那隔墙酬和都胡侃，证果的是今番这一简"（《西厢记》三本二折）；"拌几个知交撒顽，寻一回渔樵调侃"（《送车文卿归隐》）。其中，"胡侃"和"调侃"中的"侃"，主要含义都是"说话"。由于"砍"和"侃"谐音，而"侃"又有"说话"、"闲扯"的意思，比如"调侃"、"侃侃而言"等等，所以，"砍大山"就变成了现在通用的"侃大山"。

60 家里有女就是个"安"字，为什么呢？

"安"的本义是"平安"、"安宁"。为什么"宀"下一个"女"就包含此意呢？有的学者认为，在先民所处的时代，妇女是受歧视的，尤其是出门在外的女子，更容易成为男子的猎物。《诗经》中的劳动诗《七月》即咏到采桑女："女心伤悲，殆及公子同归。"如果她们老实地呆在家中，把大门一关，二门一闭，危险不就阻挡在外了吗？这就是“家居为安”，不在外面瞎跑惹祸的平安。

还有一个有趣的说法，认为“安”含有金屋藏娇的意思。汉武帝做太子时曾动过金屋贮藏陈阿娇（后来的陈皇后）的念头。而甲骨文“安”字恰似一个温柔文静的女子居于一幢豪华的住宅里。看来先民的人生追求既简单而又实惠：有自己的房子，房子里有一个好妻子，这样的家才是一个舒适、安逸的家，才算“安”（安宁、平安）了。著名的新婚诗《桃夭》赞叹女子“之子于归，宜室宜家”，这位像盛开的桃花一样美的新娘子的到来，使一个刚建立的家庭充满和谐，男有室女有家，这样才算安家立业，才算平安幸福。家中必有女才是“安”在这首诗中真是显露得再清楚不过了。

知识链接

为什么“男主外，女主内”？

“女”字的甲骨文，是一个人跪跽的样子。古人家居的姿势，不像今人一般，可以随便坐在椅子板凳上，而是同“女”字描摹的那样，是双膝着地，臀部压在脚后跟上。古人为什么将“女”字设计成这个模样呢？这显然不是偶然的。它是在强调妇女家居操持家务的职业特点。其造字的形象思维正与“男”字突出男子的特征相类似。

“男”的甲骨文，是“田”右下一种农具。徐中舒先生认为小篆的“力”像耒形，力为耒的异体字。在古人看来，农业劳动尤其是耕种，那只是男子的事。“男”字的创造意在加深男子是种田高手的社会观念。于是男子出外务农（男主外）就变成天经地义的事。

退出生产领域的女子只好专事家务（女主内），听命于男人。金文的“女”字形体和甲骨文相同，只是在女人的头上加了一条横线，大概是象征女人所戴的头饰一类东西。闻一多认为“女”和“奴”本来是一个字，不但声音一样，意思也相同，只是有时多加一只手（指“奴”字中的“又”），牵着女而已。

看来，男女内外之别，是社会分工的结果。推究原因，大概也跟男子体力较强，适合田间繁重的劳动，女子相对柔弱，适合操持家务有关。不一定包含很严重的性别歧视。然而作为制度长期推行以后，由于男子"天"赋生产方面的重要权力，必然因创造大量财富而导致社会地位的提高。女子再有本事，也被剥夺了外出工作的机会，只好呆在家里干杂务，靠外面做事的男人养活，"嫁汉嫁汉，穿衣吃饭"，女不如人，不得不依赖男子为生，成了和小人一样的所谓"难养"对象，于是男尊女卑的观念就产生了。恶性循环下去，则有了男外女内的社会偏见，认为女人只配家居，围着孩子转。好在随着时代的进步，在男女自由结合的当下，谁主内、谁主外已不再由社会习惯说了算。有不少家庭，夫妻根据实际能力来决定自己在家中的职业角色，于是女主外、男主内的现象也屡见不鲜了。

61 过去为什么要用斑鸠来体现敬老之意？

斑鸠，是一种常见的鸟，善于飞翔，窜高俯低，动作矫捷，身体呈灰褐色、颈后有白色或黄褐色斑点，以田间谷物为主要食物，属于害鸟。但古人对它的看法却不同，把它当成了尚齿敬老的象征物。

一种说法见于《后汉书·礼仪志》："鸠者，不噎之鸟也，欲老人不噎。"古人认为斑鸠是一种吞食不噎之鸟，以鸠杖表示敬老，是希望老人进食不噎。

另一种说法见于后汉应劭《风俗通义》，说刘邦和项羽在荥阳作战，战败逃入丛林中，项羽的追兵欲进去搜寻，忽林中有斑鸠鸣叫，楚军认为丛林中无人，刘邦得以脱身。刘邦即帝位后，器重此鸟，故作鸠杖以赐老人。

还有一种说法见于后汉蔡邕的《琴操》："舜耕于历山，思念父母。见小斑鸠与其母相哺食，有感而作歌。"这是有感于小斑鸠与母斑鸠的亲情。

因为这样那样的故事和传说，斑鸠慢慢与孝亲、敬老联系到了一起，被披上了美丽的光环，也承载着浓重的传统文化内涵。

古人认为，忠、孝是紧密联系密不可分的，求忠臣必于孝子之门，这就是为什么古代有那么多数量的官员在父母亡故后辞官回乡守孝三年的重要原因。那时候的人才观认为，一个人如果连自己父母都不孝敬，那么他的人品、素质又怎么能够保证他忠于皇上、忠于国家呢？所以，将孝亲敬老放在了重中之重的位置，作为道德修养、品质高尚的起点和首要标志。

知识链接

康熙、乾隆与千叟宴

民间流传着千叟宴的佳话，它是古代尊老敬老的颠峰之作。那么千叟宴是怎么样一回事呢？原来千叟宴是由康熙皇帝一手创办的。一方面是为了显示文治武功、天下太平，另一方面也是为了加强民族交流，实现多民族大融合。康熙皇帝设定的参加千叟宴的门槛不高，凡是德高望重、年龄在六十五岁以上、不论官民都可以参加，按照年龄大小先后大宴三天，活动举办得热闹

乾清宫千叟宴

非凡。康熙在位时千叟宴总共举办过四回。第一回是康熙五十二年（1713），据记载，三月二十五日参加御宴的官吏士庶达四千二百四十人。康熙六十年（1721）举办第二回千叟宴时，正好赶上康熙登基一个甲子。除神话传说中的三皇五帝外，康熙皇帝统治天下开创了空前纪录，因此康熙帝大办特办此次千叟宴。次年，康熙又在阳春园宴请全国七十岁以上老人两千四百一十七人。在这次宴席上，康熙即席赋诗《千叟宴》，“千叟宴”由此得名。

当时，乾隆皇帝年仅13岁，看到宴会场面那样隆重盛大，除了羡慕和向往外，也在他幼小的心灵里留下了深刻的印记。所以当他有幸在位五十年时，他马上想到了这件事，也学着他爷爷康熙办起了千叟宴。他将准入门槛进一步放低，宴请全国耆老，规定县城六十岁以上者都可以参加。乾隆五十年（1785）正月初六，他在乾清宫张灯结彩，摆下千叟宴。参加宴会的有六十二岁足智多谋的纪晓岚，也就注定了此次千叟宴高潮迭起，前无古人、后无来者了。

62 “老头子”一词最初是对老年人不敬的称呼吗？

在现实生活中，年纪大的男子常被称为“老头儿”或“老头子”。在北方，“老头子”一词，多是上年纪的妻子对老伴的昵称。但在某些特定的场合，“老头子”却似乎含有一些轻视的意思，让被叫者认为是嫌自己太老、不中用了。其实这一称呼基本是不褒不贬的中性词，而且有的时候还会含有尊重、崇敬的味道。这个词最早出自《清朝野史大观》的记载：乾隆三十六年，纪昀被任命为四库全书馆的总纂官，编修《四库全书》。盛夏的一天，纪昀因体胖，经不起炎热酷暑，便盘起发辫，脱掉上衣，袒胸露背地坐在几案旁校阅书稿。不巧的是，乾隆帝这时蹝步走进馆来。纪昀想穿衣服已经来不及了，便一骨碌钻入案下，用帏幔裹住身体。过了一会儿，纪昀以为乾隆帝已经走了，便探出头问馆中人："老头子已经走了吗?"话音刚落，他就发现"老头子"还在他身旁坐着，两眼正瞪着他在看呢！登时就把他吓出了一身冷汗。乾隆听见这句话后一脸冰霜地质问纪昀："'老头子'三字作何解释啊——?"大家都为他捏

乾隆朝服像

了一把汗，因为如果被视为对皇帝不敬，是犯杀头的死罪的。谁知纪昀跪在地上，灵机一动，非常从容地回答道："万寿无疆之谓'老'，顶天立地之谓'头'，父天母地之谓'子'，故简称为'老头子'。"乾隆帝听罢他的解释，虽然知道是巧言辩解，但这番话也着实很中听，就转怒为喜地说："朕就原谅你这样信口乱叫之罪了。"从此，纪晓岚发明的"老头子"三字便在社会上流传开来。官场中，常有人效仿他，背后称自己的上司为"老头子"或"老头儿"。

知识链接

关于老人不同年龄的说法

五十岁，可称年逾半百，因通常说"人生百岁"。孔子"五十而知天命"，故曰"知命之年"。又叫艾老，语出《礼记·曲礼上》"五十曰艾"，因老年人头发苍白如艾。还有知非、大衍之年等说法。

六十岁，叫甲子、花甲之年。我国干支纪年的传统，以六十

年为一轮，故有六十岁为“花甲之年”的说法。计有功《唐诗纪事》卷六十六：“（赵牧）大中咸通中效李长吉为短歌，对酒曰：‘手挪六十花甲子，循环落落如弄珠。’”因孔子“六十而耳顺”，又称“耳顺之年”。另有耆年、平头、还历之年、杖乡之年等称呼。

六十六岁，雅称“顺畅之年”，取民间酒令中“六六大顺”之意。

七十岁，称古稀之年，语出杜甫《曲江》诗：“酒债寻常行处有，人生七十古来稀。”亦作“古希”。《论语》中孔子有“七十而从心所欲，不逾矩”语，故又叫“从心之年”。《礼记·曲礼上》说“七十曰老”，“大夫七十而致事”（还政于君），故又称致事、致政之年。另有悬车之年、杖国之年等说法。《礼记·王制》云：“五十杖于家，六十杖于乡，七十杖于国。”

七十七岁，称为“喜寿之年”，因为草书“喜”字形似七十七。

八十岁，因为周制允许八十岁以上的老人撑着拐杖入朝，所以八十岁也称杖朝之年。

八十至九十岁，称耄、老耄之年，语出《礼记·曲礼上》。耄耋是指年纪很大的人。曹操《对酒歌》：“耄耋皆得以寿终，恩泽广及草木昆虫。”

八十八岁，称为“米寿之年”，因为“米”字看似八十八，故有此称谓。

九十岁，称鲐背。语出《诗经·鲁颂·閟宫》“黄发台背”，“台”与“鲐”通用。《尔雅·释诂》：“鲐背，寿也。”鲐是一种鱼，背上的斑纹如同老人褶皱的皮肤。人到老年会长出长眉毛，因此九十岁又称眉寿。“百”字少一横为“白”，故又以“白寿”指九十岁。

九十九岁，雅称“益寿之年”，来源于民间九九归一的俗语，只不过人们把“一”字谐音为“益”字，益寿延年也是此意。

一百岁，称“期颐之年”，语出《礼记·曲礼上》“百年曰期颐”。谓老人百岁到期，应由后代赡养（颐）。苏轼《次韵子由三首》：“到处不妨闲卜筑，流年自可数期颐。”中国传统医学文献，如黄帝《素问·上古天真论》道“尽其天年，度百岁乃去”，《灵枢经·天年》说“人之寿百岁而死”，故百岁又称“天年”。

一百零八岁，称为“茶寿”，取茶上为廿，下为八十八之意。

此外，民间还有将六十岁称为“下寿”，八十岁称为“中寿”，一百岁称为“上寿”的习惯。

63 为什么会有“麒麟送子”之说?

麒麟是古代传说中的一种动物。麒为雄，麟为雌，身体像麋鹿，有角，尾巴像牛。《礼记·礼运》说：“麟、凤、龟、龙谓之四灵。”“四灵”之一的麒麟常被用来比喻那些志向远大的杰出人物。那么，麒麟怎么和“送子”联系上的呢?

唐杜甫《徐卿二子歌》：“君不见徐卿二子多绝奇，感应吉梦相追随。孔子释氏亲抱送，并是天上麒麟儿。”原来，相传孔子将生之夕，有麒麟吐玉书于其家，上写“水精之子，系衰周而素王”，暗喻他有帝王之德而未居其位。其后麒麟不见了，孔纥、颜徵在

孔子圣迹图·麒麟送子

年画《麒麟送子》

家传来婴儿的呱呱声——孔子诞生了(王充《论衡·定贤》)。因之有麒麟现、圣人出的说法。民间还有一个传说:有位老而无子的画师,偏爱画麒麟,屋里到处挂着各种麒麟像。一天晚上,他突然看见一只金光闪闪的麒麟,身上驮着一个小孩向他走来。画师一乐,就从梦里笑醒了。第二年,他的妻子给他生下了一个绝顶聪明的"老来子",六岁就能赋诗作画,人称"麒麟童"。麒麟送子的习俗,就这样在民间传开了。

各地都有麒麟送子之俗。《中华全国风俗志·湖南》载长沙新年的习俗说"妇人多年不生育者,每放龙灯到家时,加送封仪,以龙身围绕妇人一次,又将龙身缩短,上骑一小孩,在堂前绕行一周,谓之麒麟送子。"江南地区过春节,人们抬着麒麟,配上锣鼓伴奏,挨家挨户演唱,俗称"麒麟唱"。当竹骨纸扎的麒麟(下巴上有许多胡须)上门时,那些未生育或才过门的妇女,便被人们连推带拽地送到麒麟面前拽胡子。据说拽一根生一子,拽两根就生一对双胞胎。

麒麟送子图遍及年画、木刻、刺绣、陶瓷器、漆器等民间艺术。传统的麒麟送子图案或以小儿为中心,戴长命锁,持莲蓬抱如意,意谓"麒麟如意";或作小儿骑麒麟,麟角挂一书;或画仙女抱一男孩骑于麒麟背上,意谓"天仙送子"等图样,并多附"天上麒麟儿,地下状元郎"语。民间又有小儿出生后,多佩金银玉石材质"麒麟锁"之俗,以寄寓"麟子"之意,更祈小儿长命百岁。语言上,称美自己家族中子侄之秀出者说"吾家麒麟",而"天上麒麟"则是称许他人佳儿文才卓然,"麟趾"比喻子孙昌盛或有仁德才智之人,他如"麟儿"、"麒麟雏"、"麟子凤雏"、"麒麟祥瑞"等美词佳语比比皆是。

知识链接

偷瓜送子

偷瓜送子，亦名送瓜祝子、中秋送子、食瓜求子、摸秋等，是旧时流行各地的一种祈子习俗，具体方式因地域不同而有所区别。在贵州不少地方，中秋节流行“偷瓜送子”习俗。要是谁家不生小孩，村里好心的小伙便趁着明亮的月光，来到地里，偷摘一个大瓜，刻画出小孩的模样，再把准备好的小孩衣服套上，用竹篮装好后敲锣打鼓抬到这户人家，受瓜人在招待客人食一顿月饼后，将瓜放在床上，与妻伴睡一夜。次日清晨，将瓜煮而食之。据说妇女吃了可以很快受孕。要是以后真得了子，受瓜人可是得好好感谢这群小伙的。此外也有将农历三月初三作为食瓜求子日的，所“偷”之瓜则南瓜、冬瓜、菜瓜等都有，一般还多以少年儿童为“偷瓜”的“主力军”，使整个民俗过程充满了活泼的情趣。

据有关资料介绍，偷瓜祝子至今还在一些农村地区存在着。为什么送偷来的瓜就是送子呢？它包含着怎样的文化意义呢？有人认为这属于“讨口彩”现象，即利用语言的谐音和事物的特性来寄托生子添嗣的愿望。如安徽徽州的偷瓜祝子，照例由送瓜人直接将瓜置于受瓜妇人的卧床上，口中要念“种瓜得瓜，种豆得豆”，因瓜中多籽，寓意食瓜后便能多生孩子，而南瓜又与“男娃”谐音。

有人指出，偷瓜送子的本质就是一种交感巫术，即通过对多籽之瓜的触摸产生某种神秘的感应，从而使自己也能像瓜一样籽实繁多。求孕者之所以要抱着瓜睡一夜，送瓜者之所以要用“偷摸”的形式，并笃信一旦被瓜主人发现则不灵验，全是受这种思维所支配。还有，这类活动之所以一般都由儿童出面，大人则在背后操纵，也可以用“童心诚，诚则灵”的巫觋理论来作解释。循此，凡是富于繁殖能力的植物果实，都可以成为送子或乞子巫术中的交感物，故民间亦常有偷芋头、萝卜、糯谷乃至蔬菜以送人祝子的。

也有人认为食瓜或摸瓜得子的习俗，乃是图腾感生神话的产物。古人不理解人类从何而来，往往把本民族的血缘关系追溯到某种动、植物上。如云南剑川白族传说，当地原本无人，后来东西山上各长出一株瓜秧，结出一个大瓜。两瓜成熟后变做一男一女，结为夫妻，他们就是白族的祖先。类似的神话故事，汉族和其他少数民族中也有广泛流传，闻一多先生《神话与诗》曾概括出几种模式：男女坐瓜花中，结实后，二人包在瓜中；瓜子变男，瓜瓤变女；切瓜成片，瓜片变人；播种瓜子，瓜子变人。可见偷瓜祝子习俗的观念中所积淀的，正是这种初民原始思维的传承。上述诸说中，究竟哪一种比较切近偷瓜送子习俗的原初涵义，还是一个不好下定论的难题。

64 送人财物为什么称“布施”？

“布施”不是施布于人，它是按梵文意译而来的佛教术语。《大乘义章》卷十二云：“以己财事分布与他，名之为‘布’，惙己惠人目为‘施’。”小乘认为布施的是破除个人吝啬与贪心，以免除“来世”的贫困。而大乘则把它同大慈大悲的教义相联系，以达到“超度众生”的目的。《六度集经》卷一云：“布施度无极者厥则云何？慈育人物，慈愍群邪，喜贤成度，护济众生，跨天窬地，润弘河海。”其罗列的布施对象，大大超出人类的范围，遍及鹰、虎、鱼。这种以财物、体力和智愚等施予他人，为他人造福成智而求得积累功德以至解脱的一种修行方法，被后人称为“布施”。

佛教认为，一个学佛的人要想功德圆满，超凡入圣，就要做六件事（六度）：布施、持戒、忍辱、精进、禅定和般若（智慧）。当学佛的人向佛祖烧香跪拜后，往“功德箱”里放香火钱，这就意味着他开始做第一件事，即布施了。至于布施多少，这并不重要。一分钱不算少，一万元也不为多，关键是心诚。如果心不诚，即使拿再多的钱，也是徒劳。

佛门中人将施舍者称为“施主”或“檀那”。“檀那”系“施主”梵文音译的简译。《翻译名义集》云：“檀那，法界次第云，秦言布施。若内有信心，外有福田，有财物，三事和合，心生舍法，能破悭贪，是为‘檀那’。”

知识链接

寺庙里常见人们烧香拜佛，为何要烧香拜佛呢？

按照我国的传统习俗，每年春节及农历初一、十五等日期，广大民众有到寺院烧香礼佛、祈福求安的习惯。

《西厢记》插图

烧香是古印度所流传下来的仪式之一。婆罗门教除了烧香还有火供、马祭等等，而佛教则采用烧香的礼敬方式。烧香的目的是为了礼敬佛法僧三宝，以此示范接引众生。通常使用烧香、油灯以及鲜花来表示虔诚恭敬供养三宝。常言“心香一瓣”，意指我心如烟，可与法界诸佛交融。香赞云：“戒定真香，焚起冲天上，弟子虔诚，热在金炉上。”此时“香”作慧解，故常有烧香求智慧，献花求富贵之说。另外，烧香与印度的地理气候也有关系。印度夏季受大西洋的暖湿气流侵袭，温疫霉病较多，于是人们烧燃香料木材，祛除病气，净化空气。佛在讲法时，听法的人很多，空气污浊，在家弟子便以香供养。

寺院是佛教徒培福修慧的场所，古称丛林，通常在寺院大雄宝殿上供奉的叫释迦牟尼佛，是古印度净饭王的太子，后出家修行，在菩提树下证道，成为大彻大悟的觉者，他是佛教的创始人，被佛弟子尊为“世尊”、“本师”等。礼佛的真实意义在于表达对佛陀的尊敬、感激与怀念，去染成净，奉献人生，觉悟人生。达摩祖师在《破相论》中对拜佛有精辟的阐述：“世尊欲令世俗，表谦下心，亦为礼拜，故须屈伏外身，示内恭敬。”如此而行，自然福慧具足，心想事成。如果“不行理法”，放纵贪痴，常常做恶，则“不免轮回，岂成功德”！可见烧香礼佛寄寓着佛徒虔诚信教、祈福求安的愿望。

65 宇宙为什么被佛教徒称为“大千世界”？

佛教认为，宇宙从时间上看，无始无终；从空间上看，无边无际。这“无边无际”包涵的意思是：大到无边无际，小到无边无际。再小的东西也还可以再分下去，所谓一花一世界，芥子可纳须弥山是也。佛教还定义宇宙为三千大千世界，而地球只是宇宙中的一个点而已。

佛教又对宇宙即三千大千世界作了区分：一方面是凡夫的世界，如我们的地球；另一方面是圣者的世界，如西方极乐净土。由世俗世界和佛国世界构成的佛教世界的中心是须弥山，围绕它排列着山河大地、日月星辰。

一千个以须弥山为中心的完整世界构成一小千世界，一千个小千世界构成一中千世界，一千个中千世界构成一大千世界。也就是说，一千个世界为小千世界，一百万个世界为中千世界，十亿个世界为大千世界。一个大千世界又称为三千大千世界，包含了小千、中千、大千三种世界。三个大千世界为一佛土，是佛祖释迦牟尼教化包括人在内的众生世界，也称“娑婆世界”。宇宙就是由无数个三千大千世界无限组成的无限空间。后世“大千世界”之说即来源于此。

知识链接

佛教徒向往的“极乐世界”

“极乐世界”也称净土、乐邦，是佛教徒所信仰的没有苦难的理想世界，是相对于世俗众生所居的“秽土”而言的。它源于婆罗门教和小乘佛教的一些思想，并在这些派别的基础上建立了净土宗。该宗认为人们只要通过念佛、修观的方法，就能在一朝生命终止时往生极乐世界。极乐世界的教主是阿弥陀佛。阿弥陀佛净土与弥勒净土、药师净土同为中国佛教徒所信仰的三大净土。

佛教认为，时间、空间、佛土都是无穷无尽的，而在每一佛土中，都有一位佛在那里教化众生，而极乐世界则是这无穷无尽世界中的一个。按《阿弥陀经》中的说法，极乐世界距离人们居住的“娑婆世界”有“十万亿佛土”之遥。那里国人智慧高明，颜貌端严，但受诸乐，无有痛苦，皆能趋向佛之正道。若有善男信女虔敬阿弥陀佛，临终时心不颠倒，即得往生西方极乐世界。《药师如来本愿功德经》等所说的琉璃世界，也是佛教徒所向往的理想世界。那里的地面由琉璃构成，连居住教化的东方药师佛的身躯，也如同琉璃一样内外光洁，所以称琉璃世界。佛经上说此世界和西方极乐世界一样，具有说不尽的庄严美妙；那里没有男女性别上的差异，没有五欲的过患；琉璃为地，金绳界道；城垣、宫殿都是七宝所成。人们只要在生前持诵《药师经》，称念药师佛名号，并广修众善，死后即可往生琉璃世界。

“誓将去汝，适彼乐土。乐土乐土，爰得我所”，从佛教对净土的描述看，“极乐世界”也是先民早就憧憬的“乐土”和幸福的彼岸世界。

66 千手观音真有千手吗？

关于“千手观音”的来历，在元代赵孟頫夫人管道升撰的《观

千手观音

世音菩萨传略》中记载了民间流传的一个动人故事。传说东周妙庄王有三位美丽的公主：长女妙金，次女妙银，小女妙善。妙金、妙银都在家中侍奉父母，唯妙善从小虔诚礼佛，出家当了尼姑。妙庄王苦苦劝她回宫，但她始终不肯。一怒之下，妙庄王命人拆了庙宇，赶走了僧尼。哪知天神怪罪下来，使妙庄王全身长了五百个大脓疮，久治不愈。后来有位医生说此病必须要亲骨肉的手眼合药才能治好。于是，妙庄王求助于妙金、妙银，但二位公主皆不愿献出。三公主在外知道后，毅然挖出自己的双眼，砍下自己的双手，为父亲合药治病。不久，妙庄王的病体康复了。此事使妙庄王深受教育，为了纪念自己的女儿，他让工匠塑造"全手全眼观音像"，但塑匠听错了，塑了一个"千手千眼观音像"，从此，妙善公主就成了众所祈求的千手千眼观世音菩萨。

四川石窟中，保存较好的千手观音像数量不少。安岳的卧佛沟、千佛寨，富顺的罗汉洞，资中的重龙山，夹江的千佛岩以及大足宝顶、北山等处的石雕千手观音像都是较为出色的作品。其中，凿造于南宋的宝顶石窟大佛湾第8号龛的千手观音，覆盖于南岩东端大悲阁内。最引人注目的是，在观音的左右两侧和头顶上方，呈放射状似孔雀开屏般地浮雕着一只只似乎是难以数计的"金"手，且每只手掌心中有一只眼睛，每只手中持一种器物。其姿势或伸或屈，或正或侧，显得圆润多姿，金碧辉煌，给人以目炫眼昏之感。

那么，这尊千手观音到底有多少只手呢？据说，很早就有人想解开这个谜。但数来数去，终因手的分布过于纷繁，一直未能数清。于是，数手竟成了一个难题。至清代时，一位聪明的和尚利用贴金箔的机会，贴一只手标明一个号码，才最后解开了这个谜。原来宝顶山大佛湾的千手观音共有一千零七只手，一千零七只眼。因一般千手观音的造型是两眼两手下，左右各具二十只手、眼，故称它是我国佛教艺术中唯一名副其实的石刻千手千眼观音像毫不为过。

知识链接

开光

开光，又称开光明、开明、开眼，就是新佛像、佛画完成后置于佛殿、佛室时，所举行替佛开眼的仪式。《禅林象器》上说："凡新造佛祖神天像者，诸宗师家，立地数语，作笔点势，直点开他金刚正眼，此为开眼佛事，又名开光明。"在佛教中，经过开光中的佛像具有宗教意义上的神圣性，受到佛教徒的顶礼膜拜。

除了佛像外，给一些物品，如吉祥物赋予"灵气"的祈福仪式也叫开光。由得道高僧来主持最好。平时开光的东西置于家中，须得初一十五净手焚香，否则为不敬。但如果是很特殊的开普光，则有所不同，开光的物件可随身携带。供开光的物件只能是象牙、金或玉制品。开光的过程是把所有的开光物件，以及写上被祈福人的姓名和生庚八字的纸用红纸或红锦囊包好，放入一托盘中，置于佛前，请大师帮忙开光。大师念经数篇，即算是佛光普照。这种仪式在今天的寺庙、佛教胜地仍依然存在着。

67 为什么佛祖释迦牟尼被称为“如来”？

“释迦牟尼”，梵语里意为能仁寂默。“能仁”者，能以仁慈待一切众生，“寂默”者，不着相。详解其义：能仁者，是大悲；寂默者，是大智。一切功德莫不具足于“释迦牟尼”四个字中，故称万德洪名，称大乘极果圣人，称佛陀（简称佛）。

释迦牟尼图

在民间，“如来”、“如来佛”是比释迦牟尼更为流行的一个称号。“如来”是梵文 Tathàgata 的意译，音译为“多陀阿迦陀”、“达塔葛达”、“恒佗仪多”等。“如”在佛经中称真如，就是绝对真理。如来，意思是“乘如实道来成正觉”，是说佛是掌握着绝对真理来到世上说法以普度众生的圣者。

“如来”本是释迦牟尼的十个尊号之一，从广义上来说，“如来”可以泛指一切佛，并不专指释迦牟尼佛。释迦佛亲口说出来的西方阿弥陀佛、东方阿闳鞞佛、十方三世一切诸佛，也都可以称为佛、如来。如阿弥陀佛可称为“阿弥陀如来”，东方净琉璃国的药师佛也可称“药师琉璃光如来”。“如来”与“佛”既然是异名同义，称释迦牟尼为如来佛就错了。但是这已变成了约定俗成的民间习惯，只好听其自然地用“如来”或“如来佛”来专指佛祖释迦牟尼了。

知识链接

为什么说“跳不出如来手掌心”？

《西游记》描写齐天大圣大闹天宫的故事是妇孺皆知的。为什么众天神都奈何不了的孙大圣最终跳不出如来佛手掌，被镇压下去了呢？

寻究起来，这部写西天取经的小说既然重心在如来总体策划、观音实施组成班子来完成他交待的使命，自会先给大家设置天大的难题，让众人被猴头搅得束手无策时出马，从而显示他有资格坐西天老大的第一把交椅，他的使命所要求取得的真经肯定有价值，值得组一个班子、历十几个寒暑、尝九九八十一难、走完十几万路程而去争取的。这是大圣落败原因之一。有人称此为艺术上、写法上的要求。

再者，是大圣技不如人，佛法广大无边的结果。这部小说中，虽然大圣最善于变化，七伶八俐、鬼精灵地占尽别人的便宜，但论手段，他也未必是最高明的。如二郎神和他的斗法，他也未尝捞到半点好处。遇上佛法无边的如来插手来管，大圣自非敌手，更是要甘拜下风了。

为何如来的手掌有这么大的威力呢？据金刚乘佛法书讲，佛法广大，传统上有八万四千法门，其中有大手印的法教。大手印的梵文原意是“无上象征“或“无上印”，藏译为“洽佳迁波”。“佳”意为“印”，如在文件上所盖之印，指那能令万法归一，加印封之的东西。它指大手印证悟之无所不包性：没有任何一方面的经验不包括在其中。若作通俗的理解，可能会有意把它曲解为大手伸出，无所不包。即便大圣在手心“只管前进”，一口气不知翻了多少跟斗，但依然在它的包容之中。而且佛徒认为：宇宙无边，佛法无边，万法不敌佛法。佛教中有“芥子纳须弥”之说，即如来的手掌虽小，亦如宇宙。孙悟空再有能耐，再大的本领也大不过宇宙之无边，何况他的变化是七十二变，一跟斗也不过十万八千里，都是有限的，如何能以有限对抗无限？

这样看，本领高强但毕竟有限的齐天大圣是落败于广大无边的佛法(化身为手掌)之前,难怪他五百年后要选择一条皈依佛门,戴紧箍咒做苦行僧的道路了。大圣之为大圣,可谓知不足而后精进者也。

68 “三生有幸”、“缘定三生”等说法中的“三生”指什么?

《聊斋志异》有一篇《三生》,说刘孝廉自述前身一世时为搢绅,因作恶多端,被冥王罚作马,受尽折磨,后复转世为人。这里就是在讲该人的三生故事。“三生”是佛教用语,即三世转生之意。其说源于《景德传灯录》:“有一省郎,梦至碧岩下一老僧前,烟穗极微,云此是檀越结愿,香烟存而檀越已三生矣。”白居易也曾用“三生”作过诗:“世说三生如不谬,共疑巢许是前身。”诸教派所立三生成佛、天台三生、华严三生等义,此“三生”都是就转世而言的。

三生石

传说人死后走黄泉路,到奈何桥就会看到三生石。它能照出人前世的模样。前世的因,今生的果,宿命轮回,缘起缘灭,都重重地刻在了三生石上。现实中的三生石在杭州西湖与飞来峰相连接的莲花峰东麓,高约10米,峭拔玲珑。石上除了刻有三个碗口大小的篆书“三生石”，还有唐代圆泽和尚三生石迹的碑文，记述“三生石”之由来。

富家子弟李源，把家产捐出来建惠林寺，并住在寺里修行，和住持圆泽禅师成了要好的朋友。有一次，他们相约共游四川的青城山和峨眉山，李源想走水路从湖北沿江而上，圆泽却主张由陆路取道长安斜谷入川。李源不同意，圆泽只好依他，感叹说：“一个人的命运真是由不得自己呀！”于是一起走水路。到了南浦，船靠在岸边，看到一位穿花缎衣裤的妇人正到河边取水，圆泽就流着泪对李源说：“我不愿意走水路就是怕见到她呀！”李源吃惊地问他原因，圆泽说：“她姓王，我注定要做她的儿子。现在既然遇到了，就不能再逃避。”他请求李源用符咒帮他速去投生，并约定十三年后的中秋夜，到杭州的天竺寺外见面。十三年后，李源从洛阳到杭州赴会，到寺外时忽然听到葛洪川畔传来牧童的歌声：“三生石上旧精魂，赏月吟风不要论。惭愧情人远相访，此身虽异性长存。”李源一听，知道是旧人，忍不住问道：“泽公，你还好吗？”牧童说：“李公真守信约，可惜我的俗缘未了，不能和你再亲近。我们只有努力修行不堕落，将来还会有见面的日子。”随即又唱了一首歌。唱罢就掉头而去，不知所往。

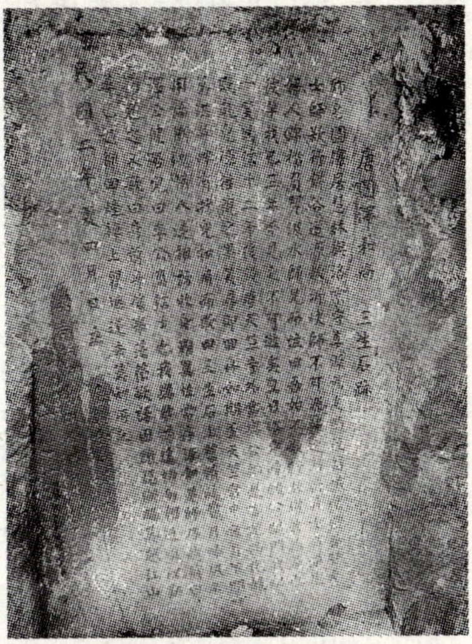

圆泽和尚三生石迹的碑文

圆泽禅师和李源的故事流传很广，今天杭州西湖天竺寺外留下的一块大石头，据说就是当年他们隔世相会的地方，称为“三生石”。世上恋爱的男女乐于将彼此的遇合归于前生缘分，因此有“缘（情）定三生”之说，就像一首歌《三生三世》（《三世情缘》）唱的：“我用三世的情换你一生的缘，只为今生能够与你重新面对面。我用三世的情换你一生的缘，只是不想再许愿让我们来生再相见。”这里的今生、来生加上没直接提到的前生（含于“三世”）也是三生的一种说法。

知识链接

为什么要跳出三界外呢？

佛教的理论将世界划分为世俗世界和佛国世界两大部分。世界的中心是须弥山，时间上按成、住、坏、空“四劫”循环往复，无始无终。

佛教所划定的世俗世界由欲界、色界、无色界三界构成。欲界居住着深受欲望支配和煎熬的六类生命，即天、人、阿修罗、畜生、鬼、地狱等“六道”。地狱即阴间，是鬼的居住处。畜生住在地面和水中，阿修罗住在须弥山低处和轮围山一带，人的居住处处于南赡部洲的地面上。高于人类的上界的生类就是“天”，天分为六等，顺次上排为：四天王天、忉利天、夜摩天、兜率天、乐变化天、他化白在天，又称“六俗天”。

欲界之上就是色界。在这里居住的生类仍具形体，但已没有粗俗的欲望。有所居的宫殿和国土，也就是还有佛教所说的“色”。色界分为四禅十七天。初禅三天：梵从天、梵辅天、大梵天。二禅三天：少光天、无量光天、极光净天。三禅三天：少净天、十无量净天、遍净天。四禅八天：无云天、福生天、广果天、无烦天、无热天、善观天、善见天、色究竟天。

三界中最高的一界是无色界，居住在这里的生类已没有“色”形体了，也没有具体的处所。物质性的东西不存在了，故名无色界。无色界共有四种：空无边处（天），识无边处（天），无所有处（天），非想非非想处（天）。

世俗世界的“三界”又被佛教区分为有情世间和器世间两种，又称为“众生世间”和“国土世间”。相对于有情众生依止的世俗世界这一“秽土”、“秽国”，还有一个更高的佛国世界，又称为“净土”、“净国”。在这里居住的众生没有任何痛苦，无限欢乐地生活着，到处莺歌燕舞，更有潺潺流水，莲花香洁，仙乐悠扬。因此，人们想跳出三界外，不外乎是渴望摆脱尘世苦恼，能住到佛教想象出的这种“理想国”里。

69 为什么惯用语被称为口头禅?

“口头禅”一词来源于佛教，原本指禅宗和尚只知道空谈禅理而不会结合实际，切实把这些道理应用到现实生活中去。宋王楙《临终诗》说:“平生不学口头禅，脚踏实地性虚天。”《老残游记》第十四回说:“不才往常见人谈佛经，什么‘色即是空，空即是色’，这种无理之口头禅，常觉得头昏脑闷。”相传有个和尚，自认为已经悟道，于是到处参访名师。一天，他见了相国寺的独园和尚，为了表示自己参悟的境界，他得意洋洋地对独园说:“心、佛，以及众生，三者皆空。现象的真性是空。无悟、无迷、无圣、无凡、无施、无受。”当时独园和尚正在抽烟，没说话，却突然举起手中的烟管打了他一下，结果这位年轻的禅者甚为愤怒。此时，独园和尚才问道:“一切皆空，哪儿来这么大脾气?”这个小故事说的是，禅要用心去学，用心来悟。如果只是从口中滔滔不绝说出来的禅学，那就不是真正的禅，而是“口头禅”。

演变到今天，原指和尚常说的禅语或佛号的口头禅已经变成了对个人习惯用语的称呼，指经常挂在口头上而无实际意义的词句。

按照心理学的观点，口头禅其实也不完全是不“用心”的，它背后隐含着使用者的一些心理活动和心理作用。例如常说“差不多吧”、“随便”的人大多安于现状、缺乏主见、目标不明确，常说“看我的”、“没问题”的人通常充满自信，乐于承担责任。鲁迅认为“有闻必录”或“并无能力”的话，都不是向上的负责的记者所该采用的口头禅。挂在嘴边的口头禅所属的语言风格，会让人很自然地把说话者与这种气质联系到一起，例如“谢谢”、“对不起”等文明用词让人感到说者素质高雅，总把“无聊”、“没劲”挂在嘴边的人会让别人感觉到他的颓废、疲惫和无追求。有人会因为口头禅而让自己失去很多机会和朋友，因此优化自己的口头禅是件很重要的事。

知识链接
野狐禅

在禅宗中，学道而流入邪僻、未悟而妄称开悟，禅家一概斥之为“野狐禅”。说起来，这里还有一则比较经典的公案呢。

盛唐的时候，禅宗大行其道。百丈禅师在江西的百丈山开堂说法，座下学僧听众不下千人。其中有一位白发老翁，天天都来，而且都是最后离开，引起了百丈禅师的注意。有一天，百丈说法完毕，大家都散去，惟独这个老翁站着不走，百丈禅师就特别过来问他，你是不是别有问题要问？老翁听了就说：“我在五百年前，也是一个讲佛法的法师。有人问我，‘大修行人，还落因果否？’我就答他说：‘不落因果。’因此果报，堕落变成野狐身，不得解脱。请问大师，我究竟错在那里？”百丈禅师听完了，便说：“你再重复一次问我吧！”那老翁就照旧向百丈禅师请教道：“大修行人，还落因果否？”百丈就很严肃地大声回答说：“不昧因果。”这个老翁听了这话，就很高兴地跪下来拜谢说：“我得解脱了。明天请老和尚发慈悲，到后山把我的身体当作五百年前的出家人一样烧化吧。希望您不要把我看成异类。”第二天，百丈带领僧众到后山，在一个山洞里找到一只已死的野狐，就以亡僧之礼焚化它的尸首。这就是“野狐禅“的来历。

原来，佛教的修因证果，正是因果律的体现。老翁以为修行人可以“不落因果”，恰恰陷入了邪见，属于“大妄语”，结果受了“野狐身”之报。又有个瑞岩和尚，整日价自唤“主人公”，复自应诺。宋代无门慧开禅师批评他误把“识神”认为“真心”，是“野狐见解”。其后这个词被广为运用，在禅门之外，经常指称各种歪门邪道或那种没有师承自学一通的人。如《儒林外史》第十一回：“若是八股文章欠讲究，任你做出什么来，都是野狐禅，邪魔外道。”

70 人们为什么把以亲身经历为例说理称为“现身说法”？

“现身说法”为佛教用语，指佛力广大，能现出种种形相，向人说法。现指以亲身经历和体验为例来说明某种道理。为什么要现身说法呢？《楞严经》卷六说：“我与彼前，皆现其身，而为说法，令其成就。”宋代释道原《景德传灯录》卷一说：“亦于十方界中现身说法。”具体怎样现身说法呢？“若诸众生欲身自在，飞行虚空，我于彼前现大自在天身，而为说法，令其成就。若诸众生爱统鬼神，救护国土，我于彼前现天大将军身，而为说法，令其成就。”“若有男子好学出家，持诸戒律，我于彼前现比丘身，而为说法，令其成就。若有女人好学出家，持住禁戒，我于彼前现比丘尼身，而为说法，令其成就。”“若诸非人，有形无形，有想无想，乐度其伦，我于彼前皆现其身，而为说法，令其成就。是名妙净三十儿应人国土身，皆以三昧闻熏闻修无作妙力自在成就。”（《楞严经》卷六）可见佛能因人而异，变幻种种不同形相。清代袁枚《随园诗话补遗》说：“（徐灵胎）度曲赠我云：‘端的是菩萨重来，现身说法，度尽凡夫。’”由此可知，菩萨、佛祖现身说法的目的是“度尽凡夫”、”令其成就”。这种因众生的不同因缘，而化现适当的各种身份来教导众生，讲说佛法，后世引申为用亲身经历举例来讲解或劝导。

知识链接

生公说法，顽石点头

生公，晋末高僧竺道生，原姓魏，因其师父法汰来自天竺（古印度），故改为竺姓。法，佛法。形容讲问题生动透彻，听者容易接受。典故出于晋无名氏的《莲社高贤传·道生法师》。

公元418年，在建康城北郊的译经场聚集了来自大江南北的上百名高僧和著名学者。众人济济一堂，是因为十八年前一部由长安名僧法显从印度带回的《涅槃经》终于被翻译出来了，大家聚会，无非要对这件佛教史上的大事和这部经典唱唱赞歌。谁也没有料到，青园寺的义学僧人竺道生突然一人独自提出异议。不久前他曾因提出“顿悟成佛”的观点遭到建康许多人的反对，现在他又对众多权威都表示赞同的宏篇巨制提出不同意见：“我认为，这部经中有一处重要的错误。经中说到除一阐提人以外的众生都有佛性，这不是与佛祖当初提出的一切众生皆有佛性的观点相抵触吗？”有人马上加以反驳。主持人也说：“如果这是错的，那不是说这部经书就是一部伪经书，是法显与各位在座者欺世盗名吗？”与会者都异口同声斥责道生。道生失望之下，就离开建康，投奔在苏州的好友法纲。

汉画像石拓片《讲经图》

生公年轻时就证入心寂三昧，领悟了平等佛性、平等法性之理。当时《涅槃经》只翻译了六卷，开头讲一阐提人不能成佛（一阐提指没有善根，罪大恶极之人）。而年轻的道生法师以自己的修证，由众生皆具平等佛性之理，提出不同的论点，认为一阐提人也能成佛。这一论点跟当时佛教界的主流观点不同，被认为是大逆不道的邪知谬见，遭到众人一致的摒弃。

生公到苏州后，住在虎丘山上，孤寂地度过了晚年。因为以前没有人愿意听他的理论，所以道生便在虎丘山下搬了许多石头，一行行、一排排地摆好。把这些石头当成学经的人，每天都对着它们说法讲经。生公总是讲得非常生动，讲到精彩处，他还情不自禁地发问：“吾之所讲，合佛意否？”据说有时石头们竟然也能个个点头，似乎在回答：“对！对！讲得好！”现在虎丘山的“生公石”"（即“千人石”），相传就是“生公说法”的遗迹。这一幕被他的好友法纲看到，一经宣传，“旬日学众云集”。于是“生公说法，顽石点头”这个典故便流传开来。

后来传来完整《大涅槃经》，译出后，里面确有一阐提可以成佛的经义，与生公当初的见解相符，大家才由衷地敬服他，并敷设高坐，启请他升座为众说法。“后于庐山讲涅槃甫毕，众忽见麈尾堕地，端坐而逝”。

71 我国货币单位的“元”是怎样来的？

“元”既是我国古代一个王朝的名称，又含有“钱、币”的意思，例如美元、欧元。我国的法定货币是人民币。它以元为货币单位，主币有7种，元以下有十进位的辅币（纸制或铸币）6种。

我国货币有四五千年的悠久历史。由于货币的质地和形状不同，计量的单位和名称也不同。用“元”作为货币的单位，是从明代万历年间开始的。当时欧美最流行的“银圆”开始传入中国。因广泛通行的是墨西哥银圆，钱币上有鹰的图案，所以又称鹰洋。由于它的质地为银，形状为圆形，因此叫“银圆”。一枚就称为一圆。后人为了书写方便，就借用同音字“元”来代替“圆”。此后，尽管又使用过多种货币，但货币单位“元”却一直沿用下来。

知识链接

钱为什么有“阿堵物”的别名？

“阿堵”，是六朝和唐时的常用语，相当于现代汉语的“这个”。据《晋书·王衍传》载：王衍自视清高，憎恶钱，并且从来不说一个“钱”字。他的妻子郭氏，曾多次设法逼他说出“钱”字，都没能如愿。有天晚上，郭氏突发奇想，趁王衍熟睡时，叫婢女悄悄将一串串铜钱，围着他的床放了一大堆，故意让王衍醒时无法下床行走，企图以此逼他就范，说出一个“钱”字来。不料第二天早晨，王衍醒来，发现床头景象，却毫不慌张，从容地把婢女叫来，指着钱说：“举却阿堵物。”意思是说：把这个东西拿走吧。“阿堵物”由此成为“钱”的别名，并且带有轻蔑的意味。

72 为什么古代商品交换的场所被称为“市井”？

我们平常所说的商业区，古代称为市廛或市井。为什么将“市”与“井”联系在一起，共指用于物品交换的场所呢？有人说“市”的起源与水井密不可分。在氏族公社时代，“若朝聚井汲水，便将货物于井边货卖，故云市井也”。这表明，在正式的集市出现以前，汲水的水井旁是古代人们交易的主要场所。

也有认为“井”指井田。《公羊传·宣公十五年》注：“因井田以为市，故俗语曰市井。”《管子·小匡》曰：“处商必就市井。”尹知章作注并解释说：“立市必四方，若造井之制，故曰市井。”

《清明上河图》中的街市面貌

商品交易场所的市井初为乡村市场。相传神农作市，那么它无疑是这种乡村集市。到了夏代，一些规模较大的集市成为贵族们聚居的地方，正式发展成为古代城市。按照“面朝后市”的要求，市井的城市空间，被官府定位于宫殿或官衙的背后，与居民所住的里或坊严格分开。市的周围被高高的市墙圈起，四面设门，按时开关。按：被四面高墙围起来的市场酷似水井，尤其是井口上面有井栏、井圈的水井。这种坊市分割的市“井”制度在中国历史上存在达千年之久，终于在两宋时期被打破，出现了商业荟萃的繁华街道、马路。这在《清明上河图》上可以清晰看到。尽管此后围得像井的集市不复出现，但因为历史上“市”与“井”密切相关（不管是水井还是井田），“市井”一词也就世代沿袭下来了。

“东南之俗，称乡之大者曰镇，其次曰市，小者曰村曰行”（《嘉定县续志》卷一）。市的规模小于镇。“大曰都邑，小曰市镇”（《嘉善县志》）。市镇又小于都邑。随着商业进一步的发展，到明清时期，城市更加繁荣，市井就在全国各地大江南北遍地开花了。

知识链接

“罗汉钱”是罗汉（或僧人）使用的特殊钱币吗？

有关罗汉钱的来历说法不一。有人说它是专门为庆祝康熙皇帝寿辰铸造的。康熙皇帝勤于国政，治国有方。康熙五十二年（1713）三月，正值他六十寿辰，朝廷除隆重举行寿仪外，特命宝泉局精铸一批小铜钱，称为“万寿钱”（俗称“罗汉钱”），以示纪

大罗汉钱

念。罗汉钱面文为楷书“康熙通宝”，直读；背文为满文“宝泉”二字，分列穿左、穿右。与一般“康熙通宝”不同之处在于：“熙”字少“口”左边的一竖；而“通”字的“之”字仅为一点（俗称一点“通”）。此类钱币制作精美，铜质精良，色泽光亮，因此被民间当作福禄寿的象征而受到珍爱，有的人将它熔化，打造成首饰或作为嫁娶的意头钱。旧时，青年男女还用此钱作为定情物互相赠送，据赵树理小说《登记》改编的沪剧《罗汉钱》就是例证。今天它的市场价格也较高。

一说16世纪初，康熙皇帝派年羹尧率军去西藏平叛。不料部队到了边关，军饷难以接济。为解燃眉之急，军方便向当地寺庙求援。深明大义的喇嘛以国事为重，慷慨献出寺中所有铜佛及十八尊金罗汉，让军方熔化铸钱。清代流通的铜币是圆形方孔，上面铸有皇帝年号。这次铸的钱是金铜合成，其价值超过面值。为示区别，有意把钱面上“康熙通宝”四个字中的“熙”字减了一笔，以便将来收回。谁知后来年羹尧被革职入狱，无法兑现诺言，于是这批铜钱就留在了民间。因为是罗汉金身所铸，而且铜钱中间凸出，四周扁平，很像佛门中罗汉的肚子，民间据此称为“罗汉钱”。有幸获得者视如珍宝，很少用于交易。由于罗汉钱备受青睐，后世屡有仿制翻铸。不过，翻铸的罗汉钱的钱径较小，大多在2.5厘米左右，且铜材较差，轻重不一，制作比较粗糙，细看不难识别。

73 清代的行业组织为什么叫“会馆”、“公所”？

清代的手工业、商业等行会组织有各种名称，如“会馆”、“公所”、“公会”、“公墅”、“书院”、“堂”、“宫”、“殿”、“庙”、“行”、“帮”等。其中最为普通的名称是“会馆”和“公所”。为什么叫“会馆”“公所”呢？原来，二者都是从别处借用来的。

最初的会馆，又称试馆，它的兴起和科举制度有着密切的关系。每逢京师举行会试"春闱"，数以千计的举子涌入京师。于是出现了专为考试举子开办的"状元店"，但这类"状元店"租金昂贵，贫寒子弟难以负担。于是，会馆便应运而生了。据载，成立最早的是京师芜湖会馆，在前门外长巷三条胡同，系明代永乐年间所建。会馆的设立，原是在京的同乡官吏用以免费招待本省、本府县到京参加会试的举人们居住，使他们节约开支，便于准备考试。所谓"会馆"，意思大概是"会试举子的客馆"。当时同乡人也利用这个场所聚会，但"会馆"的意思，却不完全是"聚会之馆"的意思。沈德符《野获编》云："京师五方所聚，其乡各有会馆，为初至居停，相沿甚便。"其后，各大城市的外乡人纷起仿效，建立会馆，商人会馆也是其中之一。这类属于行业的联谊场所的会馆，有创建日期可记载的，在明代还较少，只有 5 个。到清代就遍及全国，多达 72 个了。最盛之处当推"北之幽燕，南之吴越"。上海县的泉漳会馆是福建龙溪、同安、海澄三邑到上海贸易的商人所建。另外还出现了"公所"。最早的公所是雍正元年设立的八旗公所，系八旗都统衙门。清嘉庆、道光以后，商业组织以公所命名者多起来，仅江苏、上海、北京三地就有一百多个。

公所和会馆的名称，在文献中有时被混用。有的地方的公所由会馆发展而来，有的和会馆并列，它们在联乡谊、办义举、祀神、协调活动等功能上有许多相似之处，所以容易混淆。但也存在一些差别。会馆基本以地区命名，公所多以行业相称。会馆主要是商人组织，而公所不少是手工业者组织的。清末半数的公所是手工业公所。

作为行业组织的"会馆"和"公所"，主要包括以下几类：一、地缘性的同业组织。它是同乡同业工商业者的行业组织，早期主要为同乡同业商帮所建，即所谓的"货行会馆"。二、业缘性的同业组织。它是以同业为基础建立的行业组织。三、地缘性的多行业组织。它是由地域商帮建立的各行同乡工商业者都参加的组织。早期只是同乡会的形式，后期则向商会的性质发展。清末第一个商会——上海商业公所于 1902 年成立后，在全国出现兴办商会的热潮，并逐步取代公所、会馆，成为新式商人组织。

知识链接
清代的商帮

在封建社会，统治者向来推行重本抑末的政策，在社会阶层的排序中，“士、农、工、商”中“商”也是屈尊末位。对于商人而言，国家没有明文的法律保护，而且长途贩运，困难重重，危险环生，于是商人往往以天然的乡里、宗族关系联系起来，互相支持，和衷共济，形成商帮，利用集体的力量来保护自己，俗称“客帮”。

清代的商帮很多，其中比较著名的是十大商帮，包括：山西商帮（晋商）、徽州（今安徽黄山地区）商帮（徽商）、陕西商帮、福建商帮（闽商）、广东商帮（粤商、潮商）、江右（江西）商帮（赣商）、洞庭（今苏州市西南太湖中洞庭东山和西山）商帮（苏商）、宁波商帮（浙商）、龙游（浙江中部）商帮（衢商）、山东商帮（鲁商）等。其中，晋商、徽商、潮商势力最大，是影响最深远的三大商帮。近年来，“商帮”这一概念被各省的商界人士频繁引用，并提出了五大新商帮的概念——山东商帮、苏南商帮、浙江商帮、闽南商帮、珠三角商帮。

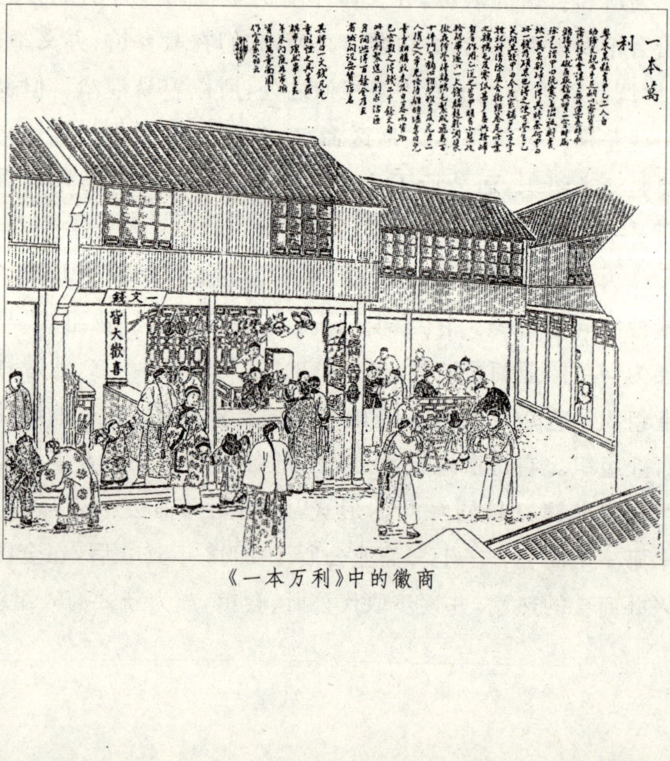

《一本万利》中的徽商

74 为什么说当铺起源于寺院的僧库？

当铺，是专门收取抵押品以获利润的行业。旧称质库、解库、典铺，亦称质押。以小本钱临时经营的称小押。当铺起源很早，在南朝时已有寺院经营为衣物等动产作抵押的放款业务。陆游《老学庵笔记》卷六载："今僧库辄作库质钱取利，谓之长生库，至为鄙恶。予按梁甄彬以束苎就长沙寺库质钱，后赎苎还，于苎束中得金五两，送还之。则此事亦已久矣。"南朝梁士人甄彬到江陵用一束苎向长沙寺库质钱之事见于《南史·甄法崇传》。此外，《南齐书·褚澄传》记载了南康郡公、尚书令褚渊曾把齐太祖萧道成赐给他的白貂坐褥、衣物和所乘黄牛等，到招提法寺作为抵押以贷钱用。"（褚）渊薨，（褚）澄以钱万一千，就招提寺赎太祖所赐渊白貂坐褥，坏作裘及缨；又赎渊介帻犀导及渊常所乘黄牛。"典当的起源何以和寺院有关呢？南朝历代帝王大都崇信佛教，给寺院的赏赐很多，寺院僧官和地主成为社会最富有的阶层之一，拥有大量资产和众多的劳动人手。寺院拥有的财富除供给他们挥霍以外，还有很多盈余。而当时一般平民百姓衣食不足者多，于是寺院就用多余财产向穷人放债生息。加上寺院建筑规模宏大，往往成为南北商人贸易场所。商人一时资金周转不灵，也将货物抵押给寺院，向寺院借高利贷。久而久之，寺院"僧库辄作质库取利"，典当由此产生。

到唐代，由于生产的发展，商业极为繁荣，商人的财力大增，受质放债的行业遂主要由商人经营。唐玄宗时有些贵族官僚开设邸店、质库等店铺，从事商业和高利贷剥削，所以到了会昌五年，皇帝在一个文告中批评"衣冠"、"华胄"们私置质库，与贾人争利。

知识链接

清代发行的公债

清朝公债的产生与中国近代社会的发展有着不可分割的关系。公债的发生，始于外债。清政府举借外债，主要是为了用于战争赔款、筹措军饷和开办洋务运动。而且，外债一直是清政府最主要的公债，内债只处于次要的地位。公债的举借，加剧了中国社会半殖民地半封建化的进程。

太平天国起事前，国家收入一向依靠地丁与钱粮。起事后，连年的战争，严重地挫伤了清廷的元气，使清廷丁粮锐减，而军用浩繁，入不敷出。为了围剿太平军，曾国藩便与幕僚建议创“厘金”，后又开捐官之例，以增收入。

清政府第一次举借外债是在同治四年(1865)。为了向俄国赔付《伊犁条约》规定的款项，清政府向英国举借了143.1644万英镑。签字后逾四个月开始偿还，每四个月还23.861万英镑，分六次二十年偿清。

第一次举内债是光绪二十年(1894)发行的“息借商款”。年息七匣，两年半还本付息。发行额共1010万两。但这种内债实际上不具备现代公债的形式，而是变相的捐劝和勒索。次年四五月间停借。

甲午中日战争开始后，清廷已气息奄奄，理财之术亦穷，经济来源更加困难。面对大厦将倾之危，光绪庚辰科状元、翰林院侍读学士黄思永，参照外国筹募公债的先例，奏请清廷发行公债，向商民募债应急。慈禧见奏折后大加赞赏，于是下令发行公债。为维护皇室脸面，清廷不愿称债，将之定名为“昭信票”，以示昭大信于民之意。昭信票印发后交各省派销，由此筹得一千几百万元。后来有几位大臣迎合慈禧心理，奏称：“人民爱戴朝廷，愿以昭信票银，悉数报效国家。”慈禧大喜，一千几百万债券就此一笔赖掉。我国历史上第一次公债券——昭信票，终于以失信于民而收场。从此，我国就开始有了公债。

75 为什么俗称经商贸易的学问为“生意经”？

关于“生意经”的来历，传说出自我国春秋末年越国的大夫范蠡。他帮助越王勾践灭了吴国以后，自己弃官经商，并写了一篇《计然》，专门探讨国家富强的道理并总结自己做买卖的经验。其中提到经商的艺术主要三项：一是收购货物后要贮藏好，不使腐败，这叫“务物完”。二是把握好出售货物的时机，做到“贵出如粪土，贱取如珠玉”。三是资金周转流动要快，即“无息币”。《史记》卷四十一《越王勾践世家》描写范蠡经商时由于遵循这样一些原则，所以“致赀累巨万，天下称陶朱公”，被后世商人奉为祖师。

而“生意”一词，本指生物具有生命力，即具有生机之意。最早见于晋代傅咸《羽扇赋》序里的一个故事。三国时孙权建立东吴时，江浙一带儒雅人士、文人骚客颇多，多有摇扇之习，曾有人剪鸟翼做扇子，扇起来风力也不错，但因制作简陋缺乏生机活力——也就是缺乏“生意”，所以光顾的人不多。直到晋灭吴国后，才得到大家的使用，“翕然贵之”。这里的“生意”是说物品能够引发人的兴趣，才会被购买，于是后世便把陶朱公等人经商、做买卖的事称为“做生意”，把《计然》（有人说计然是范蠡的老师）等总结的这些做生意的窍门、经验叫做“生意经”。

知识链接
明清时期晋商为什么能在中国商界执牛耳？

晋商俗称“山西帮”，亦称“西商”、“山贾”。崛起于明朝，清朝乾隆、嘉庆、道光年间达到颠峰。“南则江汉之流域，以至桂粤，北则满洲、内外蒙古，以至俄之莫斯科，东则京津、济南、徐州，西则宁夏、青海、乌里雅苏台等处，几无不有晋商足迹。”而晋商的事业版图中以金融事业最为强大，清朝咸丰、同治年间晋商几乎占尽全大陆汇兑业务，成为执全国金融牛耳的强大商业金融资本集团。所谓"北号南庄"指的就是由晋商控制的南北两大票号、钱庄集团。

晋商发展鼎盛的原因主要有三：

地理上，山西土地贫瘠，人民生计困难，往往外出经商，这在史籍中早有记载。尽管山西耕地较少，但自然资源极为丰富，为人们从事商业活动奠定了物质基础。同时，山西地处边塞，位扼通衢，历经元、明、清，逐渐发展为南北物资运输的大通道。因此，山西人从事物资贸易具有得天独厚的条件。

思想上，山西人崇信关公。古代中国，几乎每个城市都有孔庙、关庙，很多关庙由山西商人所建。晋商与关云长乃乡亲关系，他们崇信关公，尊之为财神，是因为他讲求"信"、"义"二字。晋商史料中就有很多不惜折本亏赔，也要保证企业信誉的记载，以致各地百姓购买晋商商品，只认商标，不还价格。受关公的影响，山西人在经商中有同舟共济的协调思想，重视与社会各方的和谐，尤其在同业往来中既保持平等竞争，又保持相互支持和关照。在晋商的抱团合作中，他们的势力也变得更加强大。

在政治、军事上，明清晋商借助了封建统治阶级的力量。明初晋商藉明朝统治者为北方边镇筹集军饷而崛起，入清后又充当皇商而获得商业特权，清季又因为清政府代垫和汇兑军协饷等而执金融界牛耳。一言以蔽之，明清山西商人始终靠结托封建政府，为封建政府服务而兴盛。然而，这种与封建政府之间的结托关系，既是晋商发展的动力，又变成晋商于清末民初衰败的内在原因。当封建政府走向衰亡时，山西商人也必然祸及自身。如志成信票号，庚子事变后，曾将资本运往南省放贷，但辛亥革命中运往南省资金大多散失。而清廷提银刻不容缓，结果账面上有应收银四百万两，有应付银二百万两，但实际上已无法周转，被迫倒闭。

76 我国古代的商店招牌叫什么?

幌子,又名“望子”,是我国古时店铺用来招引顾客的布招。通常用布缀于竿头,悬在店门口,作为商业的标志和广告。

幌子的出现与行商坐贾的分化直接关联。春秋战国时期,商人阶层开始分化为行商和坐贾。行商走村串寨进行交易,所使用的多为口头广告和现场演示广告。坐贾则固定在一定的场所进行经营。为了招徕顾客,商人就把实物悬挂在货摊或店铺上以吸引买主,这样,在实物陈列的基础上,演变和发展成了招牌、幌子等广告形式。《韩非子·难一》记载的那个家喻户晓的故事中“楚人有鬻盾与矛者”,他用作样品的矛和盾实际上是幌子的原始形态,而实物招幌的记载在古籍中也能见到。

明刊本《红拂记》中的酒店幌子

幌子多出现在酒楼、饭店、当铺、药店等普通民众的活动中心或人们频繁光顾的地方。因此幌子涉及的内容,多与普通民众的衣、食、住、行等日常生活密切相关。唐杜牧曾经写过一首题为《江南春》的七言绝句:“千里莺啼绿映红,水村山郭酒旗风。南朝四百八十寺,多少楼台烟雨中。”诗中的“酒旗”是酒店门前高挂的布制招牌,俗称酒望子,是酒家的标志。《水浒》第二十九回写武松要帮施恩去找蒋门神厮打时，一路上不断看见酒肆望子、酒旗儿、酒望子挑在店前因而“无三不过望”（不饮三碗酒就不过望子）的生动描写，反映了宋代“望子”在酒楼饭店使用的普遍情况。

随着商业经济的日益繁荣，各种店家都在自己的商铺面前悬挂一种表示自己商店特征的标志。随着多年的使用，幌子逐渐发展成为社会公认的商业标志。幌子的制作材料更加丰富多彩，由最初的布质逐渐向木质、铜质、铁质，棉、绒、线及复合材料扩展。在造型、色彩、纹饰、字体及悬挂方式等方面都形成了独具特色的风格。幌子色彩上多以代表幸福、吉祥的大红色为主，并辅以青、白的淡素色，以示纯洁与高雅。在纹饰上，也多是民间喜闻乐见的龙纹、钱纹、云纹和福字纹底，象征吉祥和富贵。在保证美观、大方、醒目的前提下，突出店铺的经营范围和特色。

知识链接

我国古代的商店招牌大约有几种？

商店的招牌，俗称“幌子”的商店标志，传承已有几千年，其种类五花八门，千姿百态。初期多为形象幌，简单直观，如鼓铺当街悬挂一串鼓，麻店临门悬挂一缕麻，卖布的在柜台上吊起一匹布，卖木炭的把一块粗木炭高高挂起也就成了一幅简单的幌子广告。这类幌子传达的信息十分清楚，但由于制作简单或商品本身所限，也存在着不醒目或不雅观的缺点。为了引人注目，一些夸张的巨型幌子纷纷出现。如烟袋铺前悬挂特制的烟袋，鞋店门前摆放一双三尺长的大靴子等。

也有一些店家会在门前挑挂写着“酒”、“茶”、“帽”、“米”、“酱”、“当”等字样的文字幌。一般认为它是招牌广告的原始形态，又称招幌。招幌上的文字，多写有单字或双字，形状各异，有长方形、正方形、锯齿形、不规则形等等，其文字内容多与店家经营的品种有关。张择端《清明上河图》中有这种类型的广告。虹桥左下方的一家富丽堂皇的酒楼，从楼上挑出一个写有“新酒”

布铺幌子

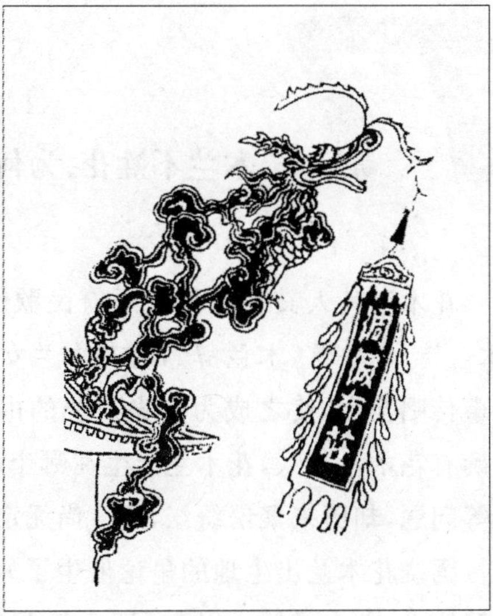

绸缎布庄幌子

二字的文字幌，随风飘扬，十分惹人注目。

某些店铺不宜将商品形象直观展示，便采用象征物为标记，是为“标志幌”。如小客店悬挂一个柳条笊篱，颜料店挂若干木制彩色木棍。人们一望见这些象征物，便知道它所代表的商店性质。当年，舜井街上有几爿小铺，门外悬着一尊圆头大耳、赤足趺坐的木刻罗汉，咧嘴笑得像“瓢儿”，似与行人打招呼——这是卖罗汉饼的点心铺幌子。

除以上三大类之外，还有商店以自己特有的标志为幌子。如北京新街口外，“宝兴斋”香腊胰子（肥皂）铺，门帘前挂一铜铃，风一吹便发出叮当声，人们称它为“响铃寺”。

从以上分类看，作幌子、打幌子的本义是商铺店家在做突出各自经营特色的广告、宣传，但在现实生活中却多含有贬义的色彩。究其原因，是一些商家不乏“挂羊头卖狗肉”的欺诈行为，如打着“酒”的招牌，但从店里售出的是掺水的假货。由于类似现象的频繁出现，人们开始用怀疑的眼光看待这种名不副实的幌子，慢慢形成了“作（打）幌子”骗人，暗中取利的印象。

77 木兰不姓花，为何叫“花木兰”？

花木兰其人其事首见于乐府民歌《木兰辞》，文学史上又称《木兰诗》。一首《木兰辞》，将花木兰女扮男装替父从军的传奇故事传唱至今，使之成为家喻户晓的巾帼英雄。然而历史上是否确有花木兰其人，花木兰出生在哪个朝代，她的出生地在何方等等问题，却历来聚讼纷纭，迄今尚无定论。

围绕花木兰出生地的争论催生了好几个木兰故里。在京九铁路线上，有个虞城木兰站，不远处即为花木兰祠，祠始建于唐代。这是河南的木兰故居所在地。湖北武汉黄陂城北三十公里处有座木兰山，传说当地有朱氏女名木兰，男装代父从军。后因功封为木兰将军，却不受朝廷厚禄，解甲归田，侍亲以终。山上在唐时建木兰庙，明建木兰宫，后修木兰殿。陕西延安城南的万花山，修建有木兰陵园。相传木兰出生于此地花塬头村，北魏人，死后葬于村旁山上。另外，安徽《亳州志·烈女志》也记载：木兰，魏姓，西汉谯城东魏村人（今亳州魏园村）。《光绪亳州志》载：木兰祠在关外，相传祠左右即木兰之家。原祠已毁，遗址尚在。

在各种有关木兰的传说中，女英雄的姓氏多为“魏”而不是“花”。明万历年间御使何出光（自称明柱下史）主持重修河北完县（今顺平县）木兰祠，作《木兰祠赛神曲》十二首，其序曰：“将军……魏氏女，汉文帝时，老上寇边，帝亲征，大括民兵，殆可空国。将军以父老迈，不任受甲，身伪其子以行。”《归德府志》云：“将军魏氏，本处子，名木兰……”《河南通志》云：“木兰，宋州人，姓魏氏。”康熙《商丘县志·列女》卷十一云：“（隋）木兰姓魏氏，本处子也。”揣其魏姓原因，当跟对她生活时代的认定相关。郭茂倩《乐府诗集》录入的木兰诗里，有“可汗大点兵”的说法。虽然木兰生活时代有汉、三国（魏）、北朝、隋、唐诸说，但人们多从诗中可汗的当政推测木兰是北魏时期的人，加上郭茂倩又引了《古今乐录》“木兰不知名”这样颇为重要的一句话，说明《木兰诗》及其所咏人物出自民间，而不是什么知名人士，无可考据，于是后人就将她生活的魏朝讹作木兰的姓氏。

至于木兰名字前面冠以“花”，当是与人物的性别相关的说法。诗中写木兰凯旋回乡，在家中改换形象的情景：“脱我战时袍，着我旧时装。当窗理云鬓，对镜贴花黄。”结末又直接渲染了她盛装之后出阁，让同行伙伴惊对“花”面的情景：“出门看火伴，火伴皆惊惶。同行十二年，不知木兰是女郎！”我们从中可以体会换下戎装的木兰以花面示人时，给人一阵木兰“花儿开”的震撼效果。“花黄”之妆的木兰不就是花木兰吗？所以后来就有了花木兰的亲切称呼。“花”字的使用，应该是一种提示木兰代父从军的女儿身份的说法。像近年英文电影《花木兰》那样坐实她为花家的女儿的处理，是一种望文生义的做法。

知识链接

“关山度若飞”中的“关山”在何方？

《木兰辞》中有“万里赴戎机，关山度若飞”的诗句。句中的“关山”在哪里呢？是不是笼统的边关山岭、关隘之山的含义呢？

从诗中另外涉及的诸山，如“但辞黄河去，暮宿黑山头。不闻爷娘唤女声，但闻燕山胡骑鸣啾啾”里的“黑山”、“燕山”来看，所提到的山都是有具体所指的。

历史上，自长安西去，多经关陇大道，其中必越关山。关山，古称陇山，又曰陇坻、陇坂、陇首。陇山有道，称陇坻大坂道，俗云陇山道。《太平御览·地部十五·陇山条》载：“天水有大坂，名陇山……其坂九回，上者七日乃越。”是历史上有名的难越之山，古人到此，多有哀叹。王维《陇头吟》道：“长安少年游侠客，夜上戍楼看太白。陇头明月迥临关，陇上行人夜吹笛。关西老将不胜愁，驻马听之双泪流。”自周秦至汉唐，一直到明代海运未开通以前，在长达两千多年的历史岁月中，关陇古道一直是我国连接亚洲、非洲和欧洲的陆上纽带。沿途“五里一燧，十里一墩，三十里一堡，百里一寨”，绵延百里，是古丝绸之路上建筑工艺最高，延续时间最长，保存最完整的古道群。关山因其有历史上著名的关隘而得名，在今甘肃省天水市张家川回族自治县境内。自现代意义上的公路修建后，关陇道逐渐衰落而被人们遗忘。

78 “压轴戏”为什么是一场演出中最为精彩的一出戏？

民国木版年画《大叹二》

我们看戏时，常听人说什么压轴、大轴。什么是“轴”呢？旧时京剧戏班排戏“打本子”，将台词用毛笔写在长条纸上，卷起来似一轴画卷。卷的底部有一木轴。因长卷的最后一戏靠近木轴，所以称为大轴。大轴前面的戏，也就是倒数第二的称为压轴，由于紧压大轴而得名。中间的戏称为中轴，前面的戏称为早轴。

旧戏一场往往要演五六个小时左右。先有开锣戏，亦称“帽儿戏”，指演出时的第一出戏。多是像《天官赐福》、《百寿图》之类情节较为简单的戏。最后一出称“送客戏”，亦称“大轴”。因一场戏五六小时过长，观众不等终场即离座，因此戏班最后一出安排演些技术性强的小型武打戏或趣味性浓的玩笑戏，让观众在这无足轻重的演出中逐渐散去，故称“送客戏”。戏班常把剧目的重点放在压轴戏上。演中轴子、早轴子戏的，基本是戏班的二、三流演员。而演压轴戏的一般都是戏班排头牌的主要演员。压轴所演的是一场“折子戏”，指整本戏本中相对完整的一段戏，行话称“折戏”，如《白蛇传》中的《盗草》、《断桥》就是。折子戏往往是整本戏中最精彩的一段，具有较高的艺术水平，演出时常将几出折子戏组成一台戏。

人们常错误地把最后一个节目称为“压轴戏”，其实应改称“压台戏”或“大轴戏”才对。

知识链接

参军戏为什么跟相声有渊源关系？

参军戏，也称“弄参军”，是唐代盛行的一种戏曲形式。宋《太平御览》卷五百六十九引《赵书》，介绍了“参军戏”的由来。后赵皇帝石勒有一参军名周延，因贪污罪入狱，吐出赃物（绢匹）后才放出。石勒为了惩罚他并警戒其他官员，就在宴乐时让优人扮演参军的故事，由优人来调笑、讽刺他，故名“弄参军”。这种表演发展到唐代，被正式命名为参军戏。内容以滑稽调笑为主，一般由两个角色演出，被戏弄者名参军，戏弄者叫苍鹘。至晚唐，参军戏发展为多人演出，戏剧情节也比较复杂，除男脚色外，还有女脚色出场。如唐薛能《吴姬》诗：“楼台重迭满天云，殷殷鸣鼍世上闻。此日杨花初似雪，女儿弦管弄参军。”从中，我们知道不仅有女演员参加演出，而且参军戏渐渐与歌舞表演相结合，对宋金杂剧的形成有着直接影响。

参军戏两个演员的对话法，很像现在的相声。按剧情，被戏弄的角色“参军”戴着幞头、穿着绿衣服，遭到扮演嘲弄角色的“苍鹘”质问：“你不是参军（官身）吗，怎么能跑到我们下贱艺人行列里瞎混日子呢？”而参军则面露羞色，并用手摸一摸身上所穿的衣服，说：“因为拿了这个，所以跟你们为伍了。”然后苍鹘拿扇子打他。诸如此类诙谐的语言、动作，一定会引起观众的大笑。赵景深《中国古典喜剧传统概述》说：“参军”两个字念快了就是“净”字。苍鹘的“鹘”字与“末”字同一韵母。一净一末，正如今天相声里的“逗哏的”和“捧哏的”。这两个角色的表演正像对口相声中两个演员的一捧一逗。逗哏与捧哏合作,通过捧逗的衬托、铺垫,使叙述中逐渐组成包袱,产生笑料。

起源于北京,流行于全国各地的相声,一般认为是清咸丰、同治年间形成。这种以说笑话或滑稽问答引起观众发笑的曲艺形式,是由宋代的"像生"演变而来的。而"像生"之前流行并在宋代承继的参军戏,其蕴含的某些相声因素,对后世相声艺术的形成也一定产生过相当大的影响。

79 过去官员出行为什么要鸣锣开道?

古代"鸣锣开道"是讲排场的官府的一种仪仗。清代李伯元《文明小史》第十回:"其实这教士同这一帮秀才,听了鸣锣喝道之声,早已晓得知府来到。"这里的"喝道"就是吆喝着"开道"。而所鸣之锣,也不是随便乱"鸣"的,要按照官员级别的大小严格实行不同的标准。人们从锣鸣声的多少就能分辨出来者官衔的高低。清代中央一级的督抚出门时,先打十三棒锣,意思是"大小文武官员军民人等齐闪开"。如果是省一级的官吏上街,则鸣锣十一下,意思是"文武官吏军民等齐闪开"。道府一级的官员出门,打九棒锣,意思是"官吏军民人等齐闪开"。因为道府出来,州县官若听到声音,也得躲闪。而县一级的官吏上街,差役们在开道时鸣锣七下,意思是"军民人等齐闪开"。所以,听到几声锣响,就可以知道是哪一级官吏出来了,该回避的就须回避。

在等级森严的封建社会,不仅官对民要树立绝对权威,就是大官对其下属也要树立绝对权威。而官府鸣锣开道就是这种显示权威、讲排场的一种仪仗。除了借以摆威风,吓唬老百姓外,它还是一种警卫措施,用来防止意外事件的发生。那些不注重仪仗的官员,在官场中会被同僚耻笑。郑板桥任山东潍县知县时,夜里出门只打个灯笼,不仅被人嘲笑,还被告到知府那里,说他有辱朝廷命官的身份。而那些斗胆冲撞仪仗的人，按规定是会判罪的。据说唐代苦吟诗人贾岛有一次因为“推敲”诗句而闯入大官的仪仗队伍，幸亏遇上的是诗人韩愈，才免于治罪。但另外一次就不妙了。讲排场的京兆尹刘栖楚派人把他抓起来，投入了大牢。《三侠五义》等公案小说中写到的拦路告状者，遇上个昏官，肯定会被“杀威棒”打得皮开肉绽的。

因为过去封建官吏出行，前面有人敲锣，吆喝行人回避，造成一股很大的声势，所以现在人们又喜欢用“鸣锣开道”来比喻为某事物的出现大造舆论，开辟道路。

知识链接

“八抬大轿”是什么规格的待遇？

轿子旧时称“肩舆”、“平肩舆”。轿子最初出现时，注重实用，形式十分简陋，有“步辇”之称。初唐阎立本画的“步辇图”中，唐太宗所乘的就是这种最简陋的担架式轿子。“轿子”之名，据说最早始于宋。北宋时，士大夫认为乘轿是“以人代畜”，有伤风化，所以都不甚乘轿。司马光年事已高时，宋哲宗特许他乘轿上朝，而司马光“辞不敢当”。轿子在官场的普及，是在南宋建立之后。江南多雨路滑，因此高宗准许朝臣坐轿。从此文武官员

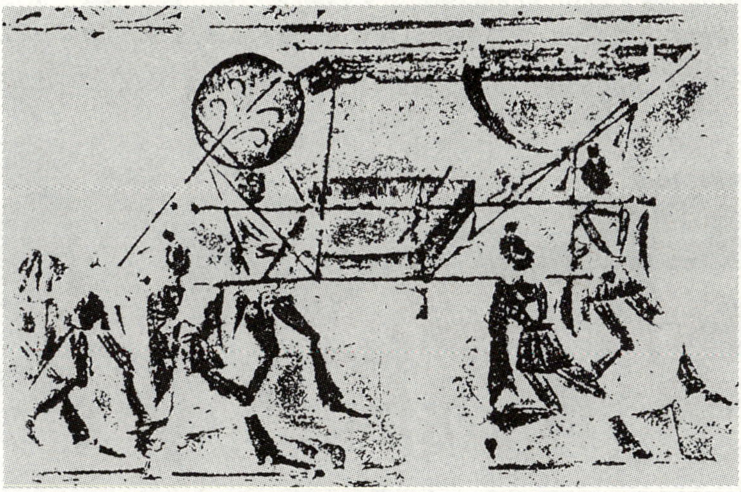

肩舆图

上朝或外出巡查，均以轿代车马，轿子不绝于路，成为风靡南宋官场的最时髦的交通工具，以致朱熹嗟叹道："至今则无人不乘轿子矣！"到明代，官员坐轿又有所限制，三品以上京官方许乘轿。到了中叶，限制放宽，三品以下的官员和进士也享有了坐轿的权利。清代，轿子更为普及，从一品大员到七品芝麻官皆可乘轿。轿子成了官场中最主要的交通工具。

轿子二人抬的称"二人小轿"，四人抬的称"四人小轿"，八人以上抬的则称之为大轿，如"八抬大轿"等等。在封建社会的等级制度下，轿子和其他事物一样，在使用上也是有着严格的等级规定，违规要受处罚的。《明史》载："弘治七年令：文武官例应乘轿者，以四人舁之。其五府管事，内外镇守，守备及公、伯、都督等，不问老少，皆不得乘轿，违例乘轿及擅用八人者奏闻。"隆庆二年（1568），应城伯孙文栋违例乘轿被告发，立刻被罚停俸禄。清代规定："汉官三品以上、京堂舆顶用银，盖帏用皂。在京舆夫四人，出京八人。四品以下文职，舆夫二人，舆顶用锡。直省督、抚，舆夫八人。司道以下，教职以上，舆夫四人。杂职乘马。"（《清史稿》）也就是说，直省督、抚和出京的三品以上的高官（包括作为皇亲的亲王、郡王）才有资格乘坐八抬大轿。

在民间，用八抬大轿把新娘子娶回家是一种习俗。旧时的结婚讲究明媒正娶，由夫家用轿迎娶是其主要内容。用八个人抬的大花轿娶亲，显得男方态度诚恳，婚礼仪式隆重。所以八人

清代北京民间迎亲的八人抬喜轿

抬轿子退出官场后便在民间流行起来。我们在莫高窟晚唐第156窟《宋国夫人出行图》中看到八人抬的肩舆，旁题“小娘子担舆”。宋国夫人是晚唐统领河西十一州的归义军节度使张议潮的妻子。看来这八抬的肩舆不是普通人所能用的。后世一般新娘子都可享用的这种花轿其实在级别上不低啊。

由于过去乘轿子代表了一种特殊身份，连高级的小汽车如今也变了一种身份，美其名曰“轿车”，似乎如此就会比一般车高贵。

80 为什么工资又被称为“薪水”？

“薪水”本指打柴汲水。据《南史·陶潜传》记载：陶潜送给他儿子一个仆人，并写信说：“你每日生活开支费用，自己难以供给自己，现在派一个仆人来帮助你打柴汲水（“今遣此力助汝薪水之劳”）。他也是人家的儿子，要好好待他。”“薪水”一词除了指砍柴汲水外，在魏晋六朝时，也逐渐发展为日常开支费用的意思，如《魏书·卢玄传》中记世宗诏卢昶：“若实有此，卿可量朐山薪水得支几时。脱事容往返，驰驿速闻。如薪水少急，即可量计。”这里的“薪水”就是指日常费用。后来人们把工资叫做”薪水”则与官员的俸禄有关。

东汉以前，一般俸禄都发放实物（粮食、布帛），唐以后一直到明清，主要实行以货币形式为主的俸禄制。古代官员的俸禄称呼不一，又叫“月俸”、“月给”、“月钱”、“月薪”等。而明代曾将俸禄称“月费”，后又改称为“柴薪银”，意思是帮助官员解决柴米油盐这些日常开支的费用。现代一般人按月支取的工资近乎古代的“月俸”、“月薪”，主要也是用来应付日常生活开支。因此，人们常把工资称为“薪水”。

知识链接

私塾先生的束脩

古代束脩其实是一束肉干，一束是十条，是拜师用的礼品，又称肉脯，类似现在的腊肉，引申为作为酬劳付给老师的学费，不需把金钱挂在嘴边，听起来文雅些，语出《论语·述而篇》。春秋时代，孔子办私人学校，所收的学费是一束干肉。古人吃肉不容易，家中贫穷的，稍微努力，是可以拿出干肉礼物的。因为干肉是一种廉价食物，送给老师作为见面礼，只不过是表表心意而已。只要学生有了小礼物，孔子是会很乐意地教导他的。孔子倡导有教无类，不分职业贫穷贵贱，一律平等相待，因材施教，针对个人的特长来教学，将许多出身寒门卑微的穷学生培养成君子，比较有名的共 72 个，如颜渊、子路等。

古人送自己子女入学相当在意，他们都会举行拜师典礼，正式向老师鞠躬，奉上束脩才算是正式入门的学生。但随着时代变化，束脩不一定是肉干，也可以用其他礼品来取代。唐朝政府的学校，学生送给老师的束脩礼物，是酒肉、丝绸。现代的束脩，简单的说就是学费，不一定要拜师，大都持邮局或银行划拨单缴费，手续简单又方便。

81 生活中处处离不开法律，“法律”一词原是什么意思？

中国是世界上法律文化最悠久的国家之一。按现代理解，广义的法律是统治阶级维护正常社会关系和社会秩序的行为规范，包括法律、有法律效力的解释及其行政机关为执行法律而制定的规范性文件。狭义的法律专指拥有立法权的国家机关依照立法程序制定的规范性文件。我国古代单讲法或律，法与律不连用，其含义大致相当于今天的“法律”。

法的产生和古代原始公社制度的解体是同时进行的，是阶级矛盾不可调和的产物。据《说文解字》解释："灋（法），刑也，平之如水，从水。廌所以触不直者去之，从廌去。"从水，取其平，即法平如水，也就是公平的意思。

律，本义是调音的工具。《说文解字》解释："律，均布也，从彳聿声。"均布是调音的工具，"范不一而归于一"。《释名·释典艺》说："律，累也，累人心使不得放肆也。""律"就像用均布为钟调音那样，使人们心里存有约束，知道什么是应该做的合法行为，什么是不法行为，不应该"放肆"地去做。杜预《晋律序》云："律以正罪名，令以存事制。"意谓"律"为判定是非曲直的标准。

可见，法与律的原意，兼有公平、规范、正义的含义，与西方不少民族语言中"法"（拉丁文 jus，英文"公正"的词源）的词义相同，所以后人将法律连用，出现了"法律"一词。

知识链接

独角兽为什么象征法律与公正？

电视《大法官》中的两位法院院长，在办公桌上都放着一件怪兽雕像，他们称之为"独角神兽"。这是对獬豸的一种比较形象的俗称。

獬豸，也作"解廌"或"解豸"，是古代传说中的异兽，不曾有人亲眼见识过它究系何物，因而引出人们诸多想象，有人认为它象鹿，有人称它似牛，更多的说法还是羊。考古发现，秦汉文物中獬豸的造型，额上通常长一角，俗称独角兽。《异物志》说它"见人斗，则触不直者；闻人论，则咋不正者"。獬豸拥有很高的智慧，懂人言，知人性。它怒目圆睁，

陶独角兽

能辨是非曲直，能识善恶忠奸，发现奸邪的官员，就用角把他触倒，然后吃下肚子，令犯法者不寒而栗。帝尧的刑官皋陶曾饲有獬豸，凡遇疑难不决之事，就找獬豸裁决，均准确无误。所以在古代，獬豸就成了执法公正的化身。

獬豸与法的不解之缘，还可从古代“法”字的结构得到解答，古体的“法”字写作“灋”，而右上角的“廌”即为獬豸，“廌法”二字合为一体，取其（执法）公正不阿之意。獬豸作为法律象征的地位就这样被认定下来。由“灋”到“法”，“廌”字虽然已被隐去，然而它象征的法平如水、执法公正之意并没有消失。

几千年来，作为中国传统法律的象征，獬豸一直受到历朝的推崇。相传楚文王曾获一獬豸，照其形制成獬豸冠戴于头上。秦代执法御史带着这种冠，汉承秦制，也概莫能外，凡是执法官吏，如廷尉、御史，都戴獬豸冠，又叫法冠。冠上有一根铁柱，好像独角。执法官也因此被称为獬豸。宋时，有“五豸同门”的佳话。真宗到神宗期间，唐肃、肃子唐询、询子唐埛、埛叔唐介、介子唐淑问都做过御史，真可谓一门萃五豸。到明清时，设风宪官，专管妨害风纪法度的官员。他们虽然不戴獬豸冠，但身上穿着绣有獬豸图案的补服。

显然，獬豸传统上视为法律与公正的偶像。与此相类似，西方人也认为独角兽的角能够压制任何道德败坏的事情，是完美骑士的代表。1999年，国际犯罪文学协会采用中国的独角神兽作为该会的正式吉祥物，似欲借其神力，触尽罪犯。显示出中国法律偶像久远的魅力。

82 “秋后算帐”这句让人听了害怕的话，暗指什么？

金秋是一个收获的季节，遍地金黄，果实累累。秋天，总给人们带来希望，带来憧憬，更带来喜庆。“稻花香里说丰年，听取蛙声一片。”遇上秋后农作物收割，有了经济收入，那么在这一年中欠下的费用就可以在秋后算了。再说北方的农作物每年只耕作一次，秋后到春初这个时间段比较长，有大量闲余的时间，而其他时候农民都是比较忙的，对于一些不太急或不需马上处理的问题就习惯到秋后再解决。如果等到年关，多半会象黄世仁一样，收不到钱还会逼死人的。

这些情况大概是民间惯于秋后算帐的缘由。但这句话在现在很多场合里说出，又是带有威胁的意味。秋天，算帐的时候到了？是谁跟谁算帐呢？我又不欠你的钱，算个什么帐？原来，这个说法蕴含的是新帐旧帐一起算，最后清算总帐的意思。它来源于明清秋后斩杀犯人的惯例，民间口头相传，便得出了“秋后算帐”的俗语。

有关“秋冬行刑”的记载，最早见于《左传·襄公二十六年》。欧阳修《秋声赋》说：“夫秋，刑官也，于时为阴。”西汉创造“天人感应”学说的董仲舒认为：“天有四时，王有四政，庆、赏、刑、罚与春、夏、秋、冬以类相应。”天意是“任德不任刑”，“先德而后刑”的，所以应当春夏行赏，秋冬行刑。如果违背天意，就会招致灾异，受到上天的惩罚。从此，“秋冬行刑”就被载入律令而制度化。

西汉行刑的时间在农历九、十、十一、十二月。到了唐代，死刑执行的时间定在十、十一和十二月。“秋后问斩”一词应该始于唐代。唐代这一规定一直为后世采用，直到清末。

选择秋冬二季问斩，也有示警的考虑。农民在秋冬二季较为空闲，也方便地方官动员民众观看。当时除谋反、谋大逆等罪犯即时处死外，其他的死囚均待秋季霜降后至冬至前集中处理，并有强迫民众观看的做法。可见官府有秋后给死囚算帐（问斩）的规定。民间流传的俗语“秋后算帐”是将问斩之意隐含在“算帐”这样一个模糊词语里，所以一旦有人这样说时，对方听了，会感到害怕。

知识链接

古代的刑与法有没有区别？

我国古代的法律，以刑法为主，偏重于判罪定刑并处以刑罚，因而古代的刑即指法。刑与法的挂钩，据说是因为夏朝的“禹刑”是从少数民族那里借鉴而来。《尚书·吕刑》说：“苗民弗用灵，制以刑，惟作五虐之刑，曰法，杀戮无辜。”上古时民风淳厚，用不着刑罚，后来社会秩序乱了起来，于是禹从苗民那里借用了肉刑这种手段，来维护其统治。而苗民所制的“刑”——即惩罚犯罪的手段，又叫做“法”。所以在古代时“刑”与“法”含义一样。

刑的本义，偏指杀头的刑罚。《说文解字》说：“刑，颈也，从刀声。”中国古代的刑罚种类繁多，大致可以归为五类。隋以前的五刑为：墨刑、劓刑、刖刑、宫刑、大辟。前四种为肉刑。汉文帝始议除肉刑，至隋文帝制《开皇律》，基本上以五刑——笞刑、杖刑、徒刑、流刑、死刑取代了旧五刑，以身体刑（又称痛苦刑）取代了肉刑。值得一提的是，这里所提到的五刑、身体刑，基本上属于法律规定的正刑，而实际上法外施刑的情况非常普遍，施刑有着极大的随意性，五花八门，十分残酷。

83 探听消息的人为何叫“耳目”？

耳目，本义是人的耳朵和眼睛，《礼记·仲尼燕居》说：“若无礼，则手足无所措，耳目无所加。”孔子非礼勿视、非礼勿听的语录，要求的便是耳和目的安分守礼。眼睛可视可见，耳朵能听能闻，于是在古汉语中，耳目再引申为审察和了解的意思。如《国语·晋语五》说：“若先，则恐国人之属耳目于我也，故不敢。”既然耳目有这种审察、了解的功能，于是发挥耳目作用的人，如我们今天说的特工、暗探、线人等，便也成了别人的“耳目”。《汉书·赵广汉传》载：“赵迁颍川太守，……吏民相告讦，广汉得以为耳目，盗贼以故不发，发又辄得。”这儿的“耳目”，指为间谍情报机构、间谍或别人刺探情报的人。汉语中类似的用法有“手足”、“喉舌”、“心腹”等词，“手足（兄弟）情深”和“到处安插耳目”都是比喻的说法，使要说的话更加形象生动。众多耳目可以组成耳目网，发挥情报部门的作用。清魏源《圣武记》卷一载：“大清又厚抚辽人之往来我地者，于是降人与辽人皆为我耳目。”耳目被清朝当局的利用，和当今一些国家的安全部门雇用人员从事间谍活动有很相似的地方。

知识链接

中国古代是否有从事特务这一职业的人员？

中国古代著名的特务机构是明代的锦衣卫。《明史·刑法志》明确说，明之锦衣卫近于汉武帝时的诏狱。所谓诏狱，主要是指九卿、郡守一级的二千石高官有罪，需皇帝下诏书始能系狱的案子。《史记·酷吏列传》等篇说，汉武帝晚年，诏狱多达二十六所，关押有郡守、九卿一级高官前后达百余人，牵连对象至十余万人。不过，在汉代，这类酷政依然只是汉武帝晚年阶段较短时期的现象。

锦衣卫前身为太祖朱元璋时所设御用拱卫司。明洪武二年(1369)改设大内亲军都督府，十五年(1382)设锦衣卫，作为皇帝侍卫的军事机构。明太祖担心自己死后，继位的下一代儿孙驾驭不了文武功臣，所以就设置锦衣卫，罗织罪状，几兴大狱，把辅佐他打天下的文武功臣差不多灭了个干干净净。

锦衣卫木印

锦衣卫设立机构后，就开始按照皇帝的意思私下打探军情民意，凡是有一点对皇帝不利的言论都逃不过他们的耳目，当地的官吏也不敢随便过问他们的事情。只要流露出对他们的不满，都有可能被抓去受刑。而一旦被特务们抓去，那就是九死一生，最轻也要落个残疾的下场。据《明史》记载，锦衣卫常用的刑具有十八套，什么夹棍、脑箍、拦马棍、钉指等等都包括其内。一般来说，只要犯人被抓进来，十八种刑具都要尝一遍。

虽说是特务机构，但特务都是公开的人物，一点也不神秘。他们服饰非常显眼，让人一眼就可以认出。当时的特务人员一般都出自东厂和锦衣卫，合称“厂卫”。锦衣卫官员有指挥使一人，正三品；同知二人，从三品；佥事二人，四品；镇抚二人，五品；十四所千户十四人，五品。下属有将军、力士、校尉，有法庭和监狱。其中，“经历司”掌文移出入，“镇抚司”掌本卫刑名，兼理军匠，即“诏狱”。东西厂均由一个提督负责（西厂设立过两次，但时间都不长），由宦官担任，主持东厂的太监被厂内的人称为“督主”或者“厂公”，他的底下设掌刑千户一名，理刑百户一名，这两个人都是从锦衣卫选拔过来的。再下面是掌班、领班、司房四十多人，分为子丑寅卯十二颗，颗管事戴圆帽，着皂靴，穿褐衫。其余的人靴帽相同，但穿直身。实际在外面侦察缉访的是役长和番役，役长又叫“档头”，共有一百多人，也分子丑寅卯十二颗，一律戴尖帽，着白皮靴，穿褐色衣服，系小绦。役长各统率番役数名，番役又叫“番子”、“干事”，这些人也是由锦衣卫中挑选的精干分子组成。所以，当身穿东厂服装或锦衣卫服装的人出现时，老百姓与当地的地方官都躲得远远的，生怕被这些人找茬抓起来。

84 为什么“一亩三分地”指的是跟个人相关的利益？

在人际交往过程中，常常会听到有人说：“不要只顾了个人的一亩三分地，要多为大家想想！”以指责对方的利己主义。何谓“一亩三分地”呢？原来这个说法起源于三皇之首的伏羲。伏羲氏"重农桑,务耕田"。每年农历二月初二这天,"皇婚送饭,御驾亲耕",在御花园像普通农夫一样,下地种田,自理一亩三分地。后来,黄帝、唐尧、夏禹等纷纷效法。到周武王,不仅沿袭了这一传统做法,而且还当作一项重要的国策来实行。北京地坛、先农坛,至今仍保留明、清两代帝王"亲耕"的"演耕田"。1644年,满族入关建立清王朝之后,为了及时了解农时,熟悉节令,居住在深宫大院里的皇帝便在惊蛰时节乘龙辇从正阳门到先农坛耕地,以此显示对农业生产的重视。这种做法此后一直世代沿袭,他人不得改变。当时皇帝"亲耕"的这块地也恰好是"一亩三分地"。于是,人们推而广之,将个人利益或个人势力范围称为"一亩三分地"了。

清帝先农坛亲耕图

知识链接

古人认为人有"七情六欲",何谓七情、六欲?

"七情六欲"是指人们与生俱来的一些心理反应。"七情"之说由来已久。《礼记·礼运》在《荀子》等"六情"说的基础上率先提出:"何为人情?喜、怒、哀、惧、爱、恶、欲七者,弗学而能。"这是儒家的"七情"观。后来,北宋释道诚集《释氏要览》等佛教典籍也把喜、怒、忧、惧、爱、憎、欲列为"七情"。而中医理论稍有变化，不把“欲”列入“七情”之中，将“喜、怒、忧、思、悲、恐、惊”称作“七情”。认为这七种情态本是人之常情，应该适当平衡。如果控制不当，例如大喜大悲、过分惊恐等等，就会使阴阳失调、气血不周，而这种精神上的错乱会演变到身体上，引发各种疾病，故又有“病情”一说。

《吕氏春秋·贵生》首先提出“六欲”的概念：“所谓全生者，六欲皆得其宜者。”那么六欲到底是什么东西？东汉人高诱对此作了注释：“六欲，生、死、耳、目、口、鼻也。”可见“六欲”是泛指人的生理需求或欲望。人活世上，贪生怕死，要活得有滋有味，于是耳要听，眼要观，嘴要吃，鼻要闻。这些欲望与生俱来，不用人教就会。佛家《大智度论》的说法与此相去甚远，认为“六欲”是指色欲、形貌欲、威仪姿态欲、言语音声欲、细滑欲、人想欲。基本上把“六欲”定位于俗人对异性天生的六种欲望，也就是现代人常说的“情欲”。后人又将“六欲”总结为见欲（视觉）、听欲（听觉）、香欲（嗅觉）、味欲（味觉）、触欲（触觉）、意欲。现代人似乎更喜欢笼统地提“七情六欲”，而不把“七情六欲”作具体的区分。所谓“七情六欲”人人皆有，但人与人并不一样，“七情六欲”的表现也就五花八门，成为文学艺术创作取之不尽的源泉，成为国人多姿多彩永远说不完的话题。

85 古代科举考试中有没有枪替？

古时雇人代考叫“枪替”，替人考试的人叫“枪手”。这种作弊方式早在唐代就已出现，以至有“入试非正身，十有三四；赴官非正身，十有二三”的说法。据说花间词派鼻祖温庭筠，就是一代有名的枪手。

温庭筠是唐初宰相温彦博的后代，文思超捷，长相奇丑。由于天生一副丑八怪的模样，人称“温钟馗”。但他艳福不浅，青睐他的秦楼楚馆佳人为数不少,故他的《菩萨蛮》写的尽是和他曾相与的女粉丝的种种仪态,如“鬓云欲度香腮雪”之类。温钟馗的艳遇和他多才有关。传说他进考场从不打草稿,叉八次手就能写成一篇八韵律赋,可谓下笔如有神。故又雅号“温八叉”。

才华如此横溢,温八叉何以屡考不中呢?对此,有两种说法:一说他“士行尘杂,不修边幅”,嫖妓宿娼,赌博饮酒,故每次应试皆因人品低下落榜;一说他得罪了权相,而被有司以“科场为人假手”为借口摒于官场门外。两种说法,后一种更有说服力。史载,唐宣宗大中十二年(858)进士考试,久负盛名的枪替手受到了闱场官员的特殊优待,把他的座位安排在主考办门口,由考官直接监视。考试中,只见温庭筠奋笔疾书,早早地就交卷出场。考官暗中欢喜,自以为得计。事后才知道,温庭筠在监考的眼皮底下,神鬼不知地帮助八人完成了试卷(《唐书》记其“私占授者已八人”),创下了做“枪手”的纪录,枪替技艺简直出神入化。让考官出丑的枪替手,能让他及第吗?考官们恼羞成怒,就奏请上司,将屡“为邻生假手”的温庭筠逐出京城。

温庭筠

明清时期,有“枪手”特别提供“一条龙”代考服务。他们从县试开始,府试、院试都一人包办,江湖人称“一炷香”。因为古代的科举时间都很长,通常不止一日,这“一炷香”就是专门形容枪手考得快。

知识链接

古代用什么防范枪替作弊?

古代考试中,除了夹带,就数枪替应用广泛了。历代王朝对此深恶痛绝,制定了相应的防范、惩罚措施。

增加“越轨”的难度。唐代殿试时，试院外墙高 4.5 米，内墙高 3 米，围墙周围种上荆棘，故那时称考场为“棘院”。清代规定各府、州的县试在同一天进行，一个省内的府试也在同一天进行，以防学习成绩好的考完后又可以去参加另一场考试。应考生员向本县衙署的礼房报名，填写父母、祖父母、曾父母三代存、殁、已仕、未仕履历；出具同考五人相互保结；并由本县一名廪生作担保人，叫廪保，出具没有冒籍、顶替、假捏姓名等的保结。参加府试则要有两名廪生认保。入场有学政亲自点名，认保、派保的廪生排立学政座旁，如有冒考、顶替者，查处究办，五人都得连坐，认保的人也要黜革。清雍正年间作出一项规定：“枪手代倩，为学政之大弊。嗣后凡有代笔之枪手……其雇请代笔之人，发烟瘴地方充军；知情保结之廪生……杖一百。”到了乾隆年间，这种处罚更严厉。广西发生叶道和找枪手曹文藻为岑照代考事，结果岑照、叶道和处斩，枪手曹文藻秋后处决，岑照之父罚银五万两。

86 过去进学的生员为什么被称为“秀才”？

秀才原本指称才能出众、秀异之士，始见于《管子·小匡》。它与《礼记》所称“秀士”相近，是一种泛称，并不限于饱读经书之士。最先有秀才之名的，是西汉的贾谊。《史记·屈原贾生列传》说：“贾生，年十八，以能诵诗属书闻于郡中。吴廷尉为河南守，闻其秀才，召置门下，甚幸爱。”汉武帝改革选官制度，令地方官府考察和推举人才（即察举）。元封四年（前 107），命公卿、诸州每年各举荐秀才（意为优秀人才）一名。东汉因避光武帝名讳，遂改称茂才。三国曹魏时沿袭察举，复改称秀才。至南北朝时，举荐秀才尤为重视。隋代始行科举制，设秀才科。唐初沿置此科，及第者称秀才。因要求太高，很少有人敢于问津。后废秀才科，秀才遂作为一般读书人的泛称。宋代凡应举的士子均可称为秀才。《水浒传》有白衣秀才王伦。什么是"白衣秀才"呢？难道王伦常穿白衣服吗？其实，"白衣秀才"是指"不第秀才"。其后，在明清时期，秀才乃专用以称府、州、县学的生员。中国最后一个秀才是浙东小县城仙居人张任天。人们大都将这位清末数学家作为辛亥革命党人、同盟会的元老和报业老人来看待。之所以称张任天为中国末代秀才，是因为到1995年，张任天以109岁的高寿在杭州去世后，中国再也找不到健在的秀才了。

知识链接

秀才的第一名叫什么？

秀才虽然是清代秀才、举人、进士三级宝塔式科举制度中的第一层，但迈上这一步也非同小可。需要通过三次考试，即县试、府试、院试，总称童试。应考者不论年龄大小，即或如《儒林外史》中最先登场的人物、胡子花白的周进，都叫儒童或童生。蒲松龄早年运气算是很好的，他19岁的时候，在淄川县、济南府、山东省，三试第一，成了秀才。若干年后，纪昀在河北也是同样的春风得意，荣登榜首。他们这种名列全府(州、县)之冠的秀才叫什么呢？清制，各省学政于考试后揭晓名次，称为出案。凡县试、府试、院试之第一名，称案首。县试，由各县的知县主持。考生本人要在考前一月向本县署礼房报名，填写姓名、籍贯、年龄及三代履历。考试分四场或五场。每场考后都要发榜，时称

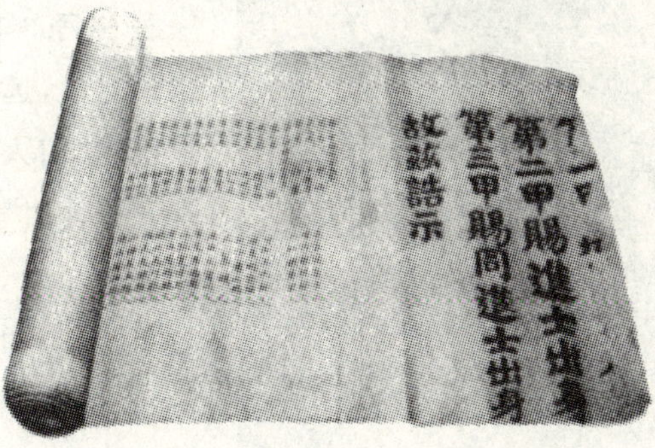

清朝用于公布殿试结果的大金榜

“发案”。最后一次发榜才用真名实姓，叫做长案。第一名为“县案首”。府试由各府的知府主持。其报名方式、出长案等和县试大体相同，府试第一名叫“府案首”。录取者参加由“掌一省学校士习文风之政令”的学政主持的院试，如果录取，才算“进学”，取得了“生员”资格，成为地道的秀才。其中第一名称“院案首”。

做了三回案首的秀才蒲松龄可想而知当年是何等风光，意气昂扬！可惜他的功名也就止于这个宝塔底层了，后来半个多世纪的岁月中，他一直在科举路上拼搏，却始终不能晋级，最后得到的是“贡生”这个相当于举人副榜的安慰性头衔。但谁能为他不能同纪昀一样爬到塔顶而遗憾呢？毕竟后者在小说上的声名（《阅微草堂笔记》）是被他盖过了。功名不遂的蒲案首因此有大量时间，集中精力专事《聊斋志异》这心爱的文学事业，从而成就了自己中国短篇小说之王的英名。这大概是那些数之不尽而名字多半被人忘记的“秀才第一”中独一无二的风景线吧。

87 为什么老师教授的弟子又被称为“门生”？

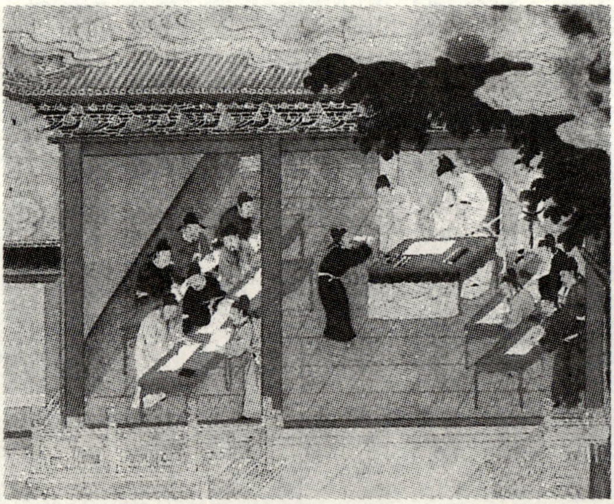

科举考试图

“门生”一词，主要是就师生关系而言的一种称呼。在“门生”出现之前，远在春秋时期已有“门人”的称谓。孔子聚徒讲学，门下弟子三千，无论亲授业者，还是转相传授者，一律称“门人”。《论语》一书中，“门人”共出现八次，如“互乡难与言，童子见，门人惑”(《论语·述而》)。孔子去世后，有人说子贡贤于仲尼，子贡敬谢不敏，说：如果用宫墙相比，他的墙高才到肩部，而夫子墙高数仞，不得其门而入。由于孔子生前，子贡他们有幸到他门下求学问道，所以才为孔氏门人的身份而感到自豪。

战国时，“门人”仍然包含受业弟子的意思，如《史记·孟子荀卿列传》说孟子是“受业子思之门人”。这时，托庇于贵族门下的食客也被称为“门人”。

“门生”一词在汉宣帝时才出现(《称谓录》)，到了东汉，已经是大量使用的称呼了。《后汉书·袁绍传》说袁氏“门生故吏遍天下”。《后汉书·袁逵传》有“皆拜逵所选弟子及门生为千乘王国郎”的记载。说明“门生”、“弟子”的身份还是有区别的。东汉称儒学宗师亲自授业者为弟子，转相传授者为门生。东晋及南北朝时的门人、门徒或者门生有时也指进行体力劳动的杂役、仆人、家奴等。

唐宋举行科举考试，考生得中进士后，对主考官亦称门生，虽有投靠援引之意，已非依附关系。明代沿用唐宋两朝的科举制度，读书人参加县、省、全国三级考试。参加乡试与会试的读书人，若考中举人或进士，则要拜本科的主考官为座主。而座主则称这些弟子为门生。后世门生，主要是指这种学术上的师承关系。

知识链接

为什么称进士为天子门生？

“天子门生”这一称呼最早见于南宋岳珂的《桯史》。书中“天子门生”一节中记载高宗对赵逵说：“卿乃朕自擢，秦桧日荐士，曾无一言及卿。以此知卿不附权贵，真天子门生也。”“天子门生”是皇帝控制科举的产物。过去考生通过了殿试才能登进士第，而殿试是由皇帝这万岁天子主持的，所以便有了这种称呼。其名称虽然始见于南宋，但这种措施却始自北宋初期，甚至可以说滥觞于唐。五代王定保《唐摭言》卷一载：“(唐太宗)尝私幸端门，见新进士缀行而出，喜曰：‘天下英雄入我彀中矣。’”李

魁星踢斗独占鳌头碑

世民自喜的不正是天子门生的大批涌现吗？当然这有点旁观者坐享其成的味道。到赵匡胤，则直接主持殿试，所有的进士都要由皇帝进行复试，御笔圈定，决定最终公布的皇榜进士名单，既体现了皇恩浩荡，又在一定程度上杜绝了前朝牛李党争中考官和被录取的考生之间利用座主和门生的关系结党营私的现象。后世帝王如法炮制，将亲选"天子门生"作为定规，则不仅考生自己感到荣耀，而且皇帝也常常因"天下英雄入我彀中"而引以为荣。嘉祐二年（1057），仁宗赵祯钦点了苏轼、苏辙、曾巩、章惇等二十多名本科进士之后，满面春风，直接回到后宫，对曹皇后说："孤家为我朝找到了两位未来的宰相：嫡亲两兄弟苏轼、苏辙！"皇后也连忙称颂："此乃官家之洪福，我朝之光荣！"

88 为什么考中进士被戏称为"登龙门"？

我国民间有鲤鱼跳龙门的传说，讲述的是一条小鲤鱼，鱼小志气大，听奶奶讲故事说到不管是什么鱼，只要跳过龙门，就能成为一条呼风唤雨、法力无边的神龙，于是它暗暗把跳过龙门成为一条真正的龙当成自己的理想，后来它付诸实践，历经千辛万苦、千难万险，一份付出一份收获，终于跳过水势湍急的龙门，化为一条腾空而起的巨龙。辛氏《三秦记》曰："河津一名龙门，水险不通，鱼鳖之属莫能上，江海大鱼薄集龙门下数千，不得上，上则为龙也。"后来这个典故被借用来表述一些人的命运、际遇发生的柳暗花明、翻天覆地的巨大变化，开始产生了"登龙门"的说法。"登龙门"的一种解释是比喻得到有名望、有权势者的援引而身价大增。出处见《后汉书·李膺传》："膺独特风裁，以声名自高，士有被其容接者，名为登龙门。"李白《与韩荆州书》中也有"一登龙门，则声誉十倍"的名句。另一种解释是指科举时代会试得中。见于封演《封氏闻见记·贡举》："故当代以进士登科为登龙门。"由于我国古代多个朝代在相当长的时期内以科举选拔人才，科举的最高功名是考中进士，考中进士相当于现在的考取博士，达到了学业的顶点。作为读书人，中了进士就可以入朝为官、从政，还能够封妻荫子、光宗耀祖，意味着前途一片光明。因此，考中进士是天下学子十年寒窗过程中梦寐以求的事，有黄粱美梦的故事为证。在千余年的科举考试制度实行过程中，虽然不乏成功案例，以韩愈、欧阳修、王安石、司马光、苏轼等为代表，成就了一番伟业，但囿于科举的各种条条框框，也造成大量饱读诗书、学有所长的人屡考不中，其中最有代表性的莫过于创作了文学巨著《红楼梦》的曹雪芹和《儒林外史》的作者吴敬梓了，二人均是终其一生都没有考中进士，由于没有考中进士，造成他们的才华无法得到社会的认可，一生都过着较为贫穷、困顿的生活，一大批宝贵的人才就这样被埋没浪费，他们的艺术和文化生命也被严重缩短。所以，科举制度虽然为家境贫寒、没有任何社会背景的读书人提供了一个走进历史、走向成功的平台，但它是那样的狭窄，何尝不是一座独木桥呢?!

知识链接

"连中三元"是怎么回事?

"连中三元"一词来源于中国古代的科举考试制度。以清代为例，它的科举考试全过程是从府、州、县基层开始，叫做童试。参加考试的读书人叫做童生，考中之后称秀才，第一名叫案首。正式较高级别的国家考试叫做乡试，一般三年一次，在省城进行，参加考试的是各地的秀才，人数比童试少了很多，考中之后称举人，第一名是“解元”；再高一级是会试，在礼部举行，参加考试的是举人，人数更少，考中之后称贡生，第一名是“会元”；最高一级的殿试则在皇上的金銮殿举行，参加考试的人数十分有限，只有几十名贡生，都是千里挑一的尖子选手，考试由皇帝亲自主持，十分郑重，殿试的第一名称为“状元”。在中国古代实行科举制度的一千多年中，仅有十七人有幸连中三元，简直是凤毛麟角。他们是：唐朝的张又新、准元翰；宋朝的孙何、王曾、宋庠、杨置、王若叟、冯京；金朝的孟宋献；元朝的王崇哲；明朝的黄观、商辂；清朝的钱棨、陈继昌和戴衢亨。其中宋朝王曾(978—1038)的故事比较有传奇色彩。相传他的父亲十分爱惜书籍，看见破旧经籍，就会进行整修，哪怕是碎纸片，都舍不得丢弃。一天晚上，孔子托梦给他说：“你如此敬惜我的书，我让曾参投胎做你的儿子。”过了没多久，他的夫人果然有了身孕，他大喜过望。十月怀胎，他的夫人生下一个男孩，于是他给孩子取名叫曾。二十出头的王曾在乡贡考试中名列第一，就是“解元”。此后，被推荐进京，参加礼部主持的会试，又位列榜首，过关斩将的他成为了“会元”。接下来，他参加了由宋真宗亲自出题的殿试，考题是《有教无类赋》。王曾交卷后，他文章里的“神龙异禀，犹嗜欲之可求；织草何知，尚薰莸而相假”等警句，深得皇帝激赏，被皇帝钦点为第一名，这样，青年王曾便成为宋朝开国以来第一个集解元、会元、状元于一身的“三元”，攀登到了科考金字塔的塔尖上。

捷报传回王曾的家乡，无论是官员还是老百姓都把这当做千载难逢的荣耀，一片欢腾。青州知州还特地前往他的乡里，挂上了“三元坊”的金匾。一些喜欢凑热闹的人还以桂圆、荔枝、核桃各三枚入画，精心绘制成纹图，取圆谐音“元”，寓意为“连中三元”。

此外，历史上还出过两位“武三元”。一位出在明朝万历年间，是浙江永嘉人王名世，他在武科考试中连中三元，官授锦衣卫千户。除了武艺精通外，他还博通经史，工诗善书，人们称赞他武艺、诗词、书法为“三绝”。不仅如此，他人品也十分出众，待人真诚、为人豪爽。第二位出在清朝顺治年间，也是浙江人，名叫王玉壁，在武科考试中他也连中三元。由于他在明朝末年曾经参加过武秀才考试，取得射箭第一，号称“神射手”，因此人们赞叹地称呼他为“武四元”。他虽是学武出身，但手不释卷，文笔斐然，也有文武全才之誉。

89 为什么古代的一些朝代前要加上“东”“西”“南”“北”，比如“西汉”“东汉”“南朝”“北朝”呢？

我国历史源远流长，朝代更迭更是频繁纷纭。每朝的创建者，首先着手办的一件大事就是确立国号（朝代名称）。《史记·五帝本纪》说：“自黄帝至舜禹，皆同姓而异其国号，以章明德。”古人讲究名正言顺，国号就是一个国家为自己的正统性确立的称号。历史朝代的名称是由如何确定的呢？有的是由部族、部落联盟的名称而来，如秦；有的来自创建者原有封号、爵位，如商、魏；还有不少源于创建者的发祥地或政权统治的区域：

东西周。周部落到古公亶父时，迁居于周原（今陕西岐山）。武王灭殷以后，就以“周”为朝代名。周前期建都于镐（今陕西西安西南），后来平王东迁洛邑（今河南洛阳），因在镐的东方，就有“西周”和“东周”的称号。

东西汉。项羽封刘邦为汉王，以后刘邦击败项羽，统一中国，国号称“汉”。汉朝前期都长安，后期都洛阳，故从都城上有“西汉”和“东汉”，从时间上有“前汉”和“后汉”之分。

南北朝。南北朝时期（420—589）是两晋以后中国历史上的一个分裂时期。公元420年，东晋大将刘裕废掉东晋皇帝自立，国号宋。此后160多年间，南方先后经历了宋、齐、梁、陈四个朝代，历史上总称为南朝。公元 386 年，拓跋部首领拓跋圭建立北魏。公元 439 年，统一黄河流域。6 世纪前期，北魏分裂为东魏和西魏。此后，东魏为北齐所代替，西魏为北周所代替。历史上把北方的这五个朝代总称为北朝。

此外，西蜀、南唐、北宋、南宋等称呼也都是跟朝代统治所在的不同地域相关联的。这些朝代前冠以的方位词是后人为了便于区分而加的，如“南北宋”一说，不是金人占领汴京前的朝代叫北宋，迁都临安后改名南宋。南北宋时期的朝代称呼其实前后是统一的，只叫“宋”。

知识链接

为什么皇帝的坟墓称为“陵”？

明孝陵神功圣德碑

土葬是我国古代的主要埋葬方式。春秋晚期，中原地区出现了坟丘式墓葬。各诸侯国的国君死后，所下葬的坟墓都称作丘或墓，不叫陵墓，如楚昭王的“昭丘”、赵武灵王的“灵丘”、吴王阖闾的“虎丘”。随着礼制的逐渐完善，从战国中期开始，君王的坟墓专称“陵”，其他人不得僭越。《杨慎外集》说：“《国语》曰：‘管仲曰：定民之居，成民之事，陵之为终。’是民之墓亦称陵也。周显王三十四年，赵起寿陵。秦惠文王以后始称陵，而民不得称。”这说明此前“陵”也是对老百姓坟墓的称呼。如此规定，则无怪乎秦惠文王的坟墓称作“公陵”，悼武王的坟墓称作“永陵”，孝文王的坟墓称为寿陵，无一例外地缀以“陵”字了。

秦始皇削平六国，建立了中国历史上第一个有皇帝的的统一国家后，生前曾集中全国很大一部分人力物力为自己预修寿陵。从此,“陵”又成为以后历代皇帝坟墓的专称,如汉武帝的“茂陵”,唐太宗的“昭陵”,唐高宗与武则天的“乾陵”,明太祖的“孝陵”,明神宗的“定陵”,乾隆帝的“裕陵”,等等。这些陵墓,或推土成山,或依山而建,以山为陵,使帝陵气魄十分宏大。

再往后,不仅皇帝的坟墓称作“陵”,就是皇后的坟墓,或者一些生前地位不高的妃嫔,只要她的孩子当了皇帝,她的坟墓也被称作“陵”。如武则天之母杨氏死于咸亨元年(670),以王妃礼葬。天授元年(690),武则天改国号称帝,追封其母为孝明高皇后,将墓改称为陵。有生之年,一代女皇给自己的母亲修建了堪与准皇后陵墓媲美的陵墓——顺陵,而且数次扩建陵寝。

90 东汉有“清议”,魏晋尚“清谈”,二者有什么不同?

清议是在东汉的桓、灵之世产生的以知识分子为主体的时论。清议的时代背景是当时皇室腐朽,宦竖擅权,致使朝政日非,生灵涂炭,侵夺了士人的上进之路。“故匹夫抗愤,处士横议,遂乃激扬名声,互相题拂,品核公卿,裁量执政,婞直之风,于斯行矣。”(《后汉书》卷六七《党锢列传》)这一时期,太学生已发展到三万余人,各郡县的儒生也很多,他们上进无门,就与官僚士大夫结合,在朝野形成一个庞大的官僚士大夫反宦官专权的社会政治力量。所谓“激扬名声,互相题拂”,主要是较廉正的官吏、士人、太学生等互相标榜。如说:“天下楷模李元礼(膺),不畏强御陈仲举(蕃),天下俊秀王叔茂(畅)。”所谓“品核公卿,裁量执政”,主要是批评宦官专权乱政。如说:“举秀才,不知书;察孝廉,父别居。寒素清白浊如泥,高第良将怯如鸡。”这样的议论自社会流入太学,太学生以郭泰为首,奉司隶校尉李膺、太尉陈蕃为领袖,他们公开与宦官集团相对抗。作为有力的社会舆论，在当时还是发挥了积极作用的。一个人若在乡里或学校中受到清议，一般就会被视为污点，影响个人名誉甚至升迁。某些达官贵人常常为之心惊肉跳，不得不在行为上有所收敛。魏晋南北朝时，崇尚玄谈，清议之风便不多见了。

玄谈即“清谈”。“清谈”一词出现于献帝初平元年，亦称“清言”，始于东汉末年的人物品题。曹魏时代，由于识别人物选拔官吏的需要，发展起一种“才性之学”，讨论性与才的关系问题，从而使清谈从品题人物进入了抽象的才性问题的讨论。刘劭的《人物志》就是关于才性问题的代表作。自魏正始年间起，清谈进入玄学清谈时期，以《老子》、《庄子》、《周易》所谓“三玄”为中心，代表人物有何晏、王弼、嵇康、阮籍、王衍、向秀、郭象等。玄学家多为当时之清雅之士，以出身门第、容貌仪表相标榜，很少学习儒家经典，而是常常进行高度抽象的玄理辩论，具有强烈的反儒倾向。此后，玄学清谈又与佛学合流，影响了整个两晋南北朝佛教思想的发展。

魏晋的“清谈”之风和东汉“清议”之风虽仅一字之差，“谈”、“议”字面意思也接近，但其实际意义、内涵却相差甚远，不可不区分开来。

竹林七贤与荣启期

知识链接

《世说新语》：魏晋人的沙龙文学

通常认为《世说新语》是南朝宋刘义庆编撰的一部笔记小说集。准确一点说，这部魏晋风流的真实记录是由他召集的文士在他的沙龙里品题人物，然后分工协作的集体智慧的结晶。

刘义庆(403—444)是刘宋王朝的宗室，袭封临川王，曾任荆州刺史、江州刺史等要职。《宋书·刘道规传》称刘义庆“性简素”，“爱好文义”，“招聚文学之士，近远必至”。刘义庆门下聚集了不少文人学士。他们根据前人类似著述如裴启的《语林》等，编成该书。刘义庆只是倡导和主持了编纂工作，但全书体例风格大体一致，没有出于众手或抄自群书的痕迹，这应当归功于他主编之力。有的学者推断该书出于刘义庆门客、谢灵运好友何长瑜之手。

该书原名《世说》，后人为与刘向书相别，又名《世说新书》，大约宋代以后才改称今名。全书分为德行、言语等三十六门，记述自汉末到刘宋时名士贵族的遗闻轶事，主要为有关人物评论、清谈玄言和机智应对的故事。

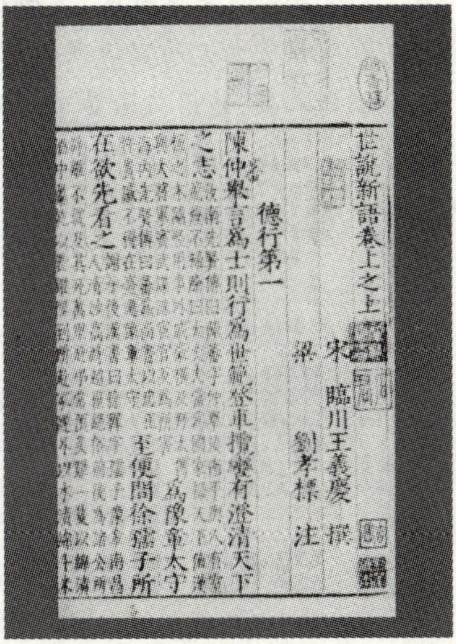
世說新語卷上之上
宋 臨川王義慶 撰
梁 劉孝標 注
德行第一
陳仲舉言爲士則行爲世範登車攬轡有澄清天下之志
至便問徐孺子所在欲先看之

《世说新语》书影

古人历来重视言辞表达，魏晋时人也很讲究辞令。注意辞令，多少是受清谈之风的影响。清谈要求言简意赅，辞锋锐利，思辨力强，寓意深远。本书《言语》、《文学》、《排调》诸篇很注意搜集这类启人智慧的佳句名言。有的应对，思路敏捷，善于随机应变。例如《言语》讲宾客赞赏十岁的孔融托词巧妙、得见名人李元礼的聪明时，陈韪却说他“小时了了，大未必佳”。孔融随即回敬了一句：“想君小时，必当了了。”这种以子之矛攻子之盾，表现了孔融的机敏和锐利的辞锋。

和崇尚清谈之风密切相关的是魏晋重视对人物的品评，这也是承续汉末遗风的产物。本来魏晋实行选举人才的制度，有所谓九品官人法。各州郡设官负责品评当地人物的高低优劣，分为九品，以便选人授官。士大夫也常聚在一起品评人物。士族名流的品评，更是一言九鼎，可以左右一个人的仕宦前途。这种品评，成为本书一个重要内容，《识鉴》、《赏誉》、《品藻》、《容止》诸篇有不少这样的记载。例如《品藻》记评论界品评温峤"是过江第二流之高者"。在"时名辈共说人物，第一将尽之间"，还没有提到他时，温峤竟紧张得"失色"。可见士人对品评的重视。

至于崇尚虚无、专谈玄理之风，从魏代何晏、王弼开始，愈演愈烈，士大夫摈弃世务，以清谈为学问，以善于清谈为高雅，得到赞颂即为名士，社会风气因之大变。本书对此也津津乐道。例如《赏誉》记载王湛年轻时因为沉默寡言，兄弟宗亲都认为他痴呆。有一次和侄儿王济清谈，由于他"答对甚有音辞"，妙言奇趣，人所未闻，王济奏闻晋武帝，于是显名，出任官职。

总之，《世说新语》生动记述了东汉末年至东晋时豪门贵族和官僚士大夫的言谈轶事，它的出现本身又是当时沙龙中热衷品题人物、妙语新话叠出的时代风气的产物。它是我们了解魏晋清谈风貌的硕果仅存的独特文本，清永瑢称之为"清言渊薮"。

91 为什么古代把国家称为"社稷"？

"社稷"是一个特指名词，象征着国家。如《韩非子·难一》："晋阳之事，寡人危，社稷殆矣。"《史记·吕太后本纪》："夫全社稷，定刘氏之后，君亦不如臣。""江山"这个词也象征着国家，在口语中江山有时与社稷并用作"江山社稷"。"社""稷"，反映我

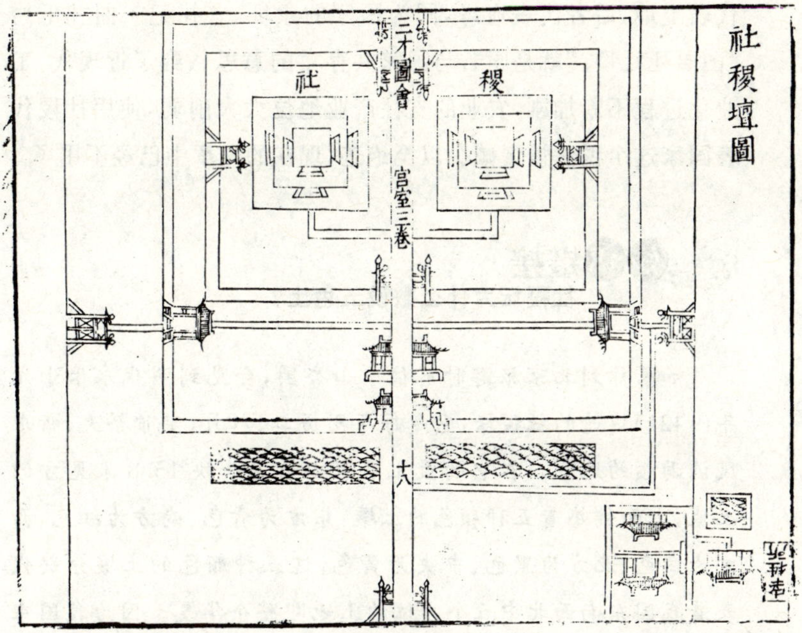

社稷坛图

国古代以农立国的社会性质。两者本来各不相干。“社”字在甲骨文中与“土”字一样,像男性生殖器。也就是说,社起源于原始时代的生殖崇拜。在春秋时代,还存在这种原始崇拜的流风余韵。社,既与“土”本是一字,后来加上了”礻”旁,也就成了土地神的名称。社祭的神坛也称为“社”。从天子到诸侯,凡是有土地者都可以立社,甚至乡民也可以立社祭祀土地神,社日成为睦邻欢聚的日子,同时还有各种欢庆活动,“社戏”、“社火”就是很好的例子。就连现代生活中的“社会”一词,也与社日活动有关。稷原是周民族的始祖后稷,在西周始被尊为五谷之长,与社并祭,合称“社稷”。在几千年的农业社会里,土地和收成就是最大的资源和本钱,国家的长治久安系于兹。古时的君主为了祈求国事太平,五谷丰登,每年都要到郊外祭祀土地和五谷神。社稷也就慢慢变成了国家的象征,后来人们就用“社稷”来代表国家。“社稷之忧”、“社稷之患”、“社稷之危”、“谨奉社稷而以从”(《毛遂自荐》)都指的是“国家”的忧虑、隐患、安危。根据《周礼·考工记》,社稷坛设于王宫之右,与设于王宫之左的宗庙相对,前者代表土地，后者代表血缘，同为国家的象征。《礼记·曲礼下》：“国君死社稷。”就是国君与国家共存亡的意思。到了近现代，工业化进程不断加剧，农业的支柱产业地位大大削弱，使用社稷代表国家这个说法慢慢减少以至绝迹，现在的文章中已经不用了。

知识链接

社稷坛为什么敷设五色土？

如果你到北京旅游时前往中山公园，会见到明代永乐十九年(1421)建造的社稷坛，它是每年阴历二、八月，皇帝祭天，祈求风调雨顺的地方。在它的最上层可以看见一块15.8米见方的土地，上面铺垫着五种颜色的土壤：东方为青色、南方为红色、西方为白色、北方为黑色、中央为黄色，这五种颜色的土壤分别代表着我国东南西北中五个方位的土地即整个华夏。因为我国东北平原湿润寒冷，微生物活动较弱，土壤中有机物分解慢，积累较多，所以土色较黑。而黄土高原的土壤由于其中有机物含量较少的缘故，呈现出黄色。南方由于高温多雨，土壤中矿物质的风化作用强烈，分解彻底，易溶于水的矿物质几乎全部流失，只剩氧化铁、铝等矿物质残留土壤上层，形成红土壤。一些地方在排水不良或长期被淹的情况下，红土壤中的氧化铁常被还原成浅蓝色的氧化亚铁，土壤便成了灰蓝色的，如南方某些水稻田。另外含有较高的镁、钠等盐类的盐土和碱土常为白色，主要见于西北地区。

五色土的设置还与中华民族的先祖有关。青色，象征东方太昊，由手持圆规掌管春天的木神辅佐。红色，象征南方炎帝，由手持秤杆掌管夏天的火神辅佐。白色，象征西方少昊，由手持曲尺掌管秋天的金神辅佐。黑色，象征北方颛顼，由手持秤锤掌管冬天的水神辅佐。黄土居中，因为最高统治者黄帝居于核心地位，由手拿绳子掌管四方的土神辅佐。东西南北依次为青白红黑，也即黄帝的四方又各有一个统治者辅佐。东方称为青龙，南方称为朱雀，西方称为白虎，北方称为玄武，中间为中央之神。从甲骨文看，殷人已有了五方的观念，卜辞中就有东南西北四土受年的记载。“四土”加上“中商”就是“五方”。五方观念大约在西周初年开始演化为“五方色”的观念，以“五色”显示“五方”。《逸周书·作洛》载：“周公……乃建大社于国中，其壝东青土，南赤土，西白土，北骊土，中央衅以黄土。”这种布置方式，是以道教阴阳五行学说来表明，坛上五色土象征全国的土地，即“普天之下，莫非王土”。

92 楚庄王“问鼎中原”，这里的“鼎”是器物吗？

古时的鼎，本来是古人烹饪的器具，相当于现在的锅，是用来炖煮和盛放鱼肉的。许慎《说文解字》里说：“鼎，三足两耳，和五味之宝器也。”最早的鼎是黏土烧制的陶鼎，后来又有了用青铜铸造的铜鼎。今天，我们在中国国家博物馆的陈列大厅里看到的商代司母戊鼎，重 875 公斤，是迄今为止发现的全世界最大的古代青铜器。自从有了大禹铸鼎的传说，鼎就从一般的炊器而发展为传国重器。

司母戊大方鼎

相传夏禹令九州州牧贡铜，在荆山脚下铸造了九个鼎。事先将全国各地山川奇异之物画成图形，然后分别刻于鼎身。九鼎铸成后，陈列于宫门之外，使人们一看便知道所去之处有哪些鬼神精怪，以避凶就吉。据说此举深得上天的赞美，因而夏朝获得了天帝的保佑。“九州”，是当时的天下范围。不难理解，禹铸九鼎便是象征着拥有天下的领导权和控制权。

从商朝到周朝，都把定都或建立王朝称为“定鼎”。九鼎被视为传国重器，为得天下者所据有。“问鼎中原”出自《左传》。东周时，楚庄王率军打败了在陆浑一带的戎族以后，又到周定王的边境阅兵，显示楚国势力的强大，吓得周定王派大臣王孙满去慰劳他。庄王一见王孙满就问：“我听说大禹铸有九鼎，从夏传到商，又从商传到周，成为世界上的宝贝，现在放在洛阳。这鼎有多大？有多重？”实际上是在暗示他要取代周天子王天下。使臣则用“在德不在鼎”的话来回答。在讲述了鼎的来历和周朝的历史之后，又以周王当传三十世，国运当享七百年，九鼎天命所系，现在还没到灭亡、被取代的时候等话语来斥责楚庄王的狂妄。后来便把图谋篡夺王位的企图称为“问鼎”。

知识链接

“一言九鼎”是怎么回事？

《史记·平原君列传》记载：战国时，秦国的军队团团包围了赵国的都城邯郸，形势十分危急，赵国孝成王派平原君到楚国去求援。平原君挑选二十名门客跟他前去完成这项使命，但只选了十九个还有一个定不下来，这时，毛遂自荐要去，平原君一时找不到更好的，只好勉强带上他。到了楚国后，平原君立即与楚王商谈援赵之事，可谈了半天也没有结果。毛遂就走上前对楚王说：“我们今天来请你派援兵，你一言不发，可你别忘了，楚国虽然兵多地大，却连连吃败仗，连国都也丢掉了。依我看，楚国比赵国更需要联合起来抗秦呀！”毛遂的一席话打动了楚王的心，立即答应出兵援赵。

平原君回国后感慨地说：“毛先生一至楚，而使赵重于九鼎大吕（大吕：钟名，与鼎同为古代国家的宝器）。毛先生以三寸之舌，强于百万之师。胜不敢复相士。”

成语“一言九鼎”和“毛遂自荐”同出自上述故事。平原君夸奖毛遂“一言九鼎”的本意是烘托出他的口才好，一句话抵得上九鼎重，一言半语就起决定作用。演变到现在讲求诚信的时代，它又含有了信守诺言、以诚相待的意思。

相传为夏禹所铸的九鼎是古代国家的宝器。夏传于商，商传于周，至秦昭王五十二年（前255），成周被秦攻占，九鼎应是入秦了。从此以后，在中国历史上辉煌近两千年的神物“九鼎”却没有下落了。《史记》中“九鼎”的说法前后不一。《秦本纪》说秦昭王“取九鼎入秦”。据此，九鼎当失于秦之后。但《封禅书》又说：“周德衰，宋之社亡，鼎乃沦没，伏而不见。”那么九鼎早在东周末年便已遗失，与秦无关。后来，《汉书》也是兼收两说，但又说“周显王之四十二年（前327）……鼎沦没于泗水彭城下”。以后秦始皇出巡路过彭城（今江苏徐州）时，派了上千人下水打捞，结果如同竹篮打水，未能如愿。这说明九鼎并未入秦，至少没有全部入秦。

大盂铜鼎及铭文拓片

清人全祖望、沈钦韩等学者对传统说法表示怀疑，并作了新的探索。王先谦在《汉书补注》中除引用全、沈二家之说外，又作了进一步的发挥，认为周人为防止大国觊觎，加上经济困难，采取了毁鼎铸钱的下策；对外则诡称丢失，不知去向。秦人谬传九鼎沉入泗水，连秦始皇也受到愚弄。这些说法足以发人深思，但未必即为至论。九鼎既然被周人视为天命之所在，也就只能与社稷共存亡，岂有因大国觊觎而自行销毁之理？九鼎之“重”，不是实物本身的价值，而是存在于传统的神秘观念之中。东周统治者能为少量之铜而毁鼎铸钱、甘心自隳天命吗？纵观古籍中有关记载，对九鼎遗失的时间和地点虽然说法不一，但并无已被销毁的材料。因此，我们寄希望于考古工作的进展，终有一天使神鼎重见天日，发出灿烂的光辉。

93 国人赞美祖国美好时常说“锦绣山河”,为什么要用“锦绣”形容山河呢?

河山冠以“锦绣”二字,也唯有我中华有此资格。何以然呢?因为丝织物的“锦”和“绣”,原产于古代中华,而且历代因袭传承,经久不衰,在全世界都享有盛誉。

锦是一种提花织物,古人谓之织彩为纹。织彩,便是染上彩色的经线起花。1982年湖北江陵马山1号楚墓出土的锦,经线配色可分二色锦和三色锦。前者纹样显得多彩艳美,纹饰图案多变。后者纹样的构图繁复、细密,其中一件非几何形舞人动物纹的锦,共用经线7698根,在世界纺织史上实属罕见。

绣是一种在绢上刺绣的丝织物。古人称刺彩为绣。马山1号墓出土的绣品有二十一件,最大的一件对凤龙纹绣,长达一百八十一厘米。成对的凤、龙或飞翔,或跳跃,姿态匀雅。由于绣色以金黄和深褐色为主,配以黄绢,显得富丽堂皇。

祖国山河气象万千,如苏东坡所咏:江山如画,一时多少豪杰!又如毛泽东所赞:江山如此多娇,引无数英雄竞折腰。而用“锦绣”这种华丽而贵重的丝织物来形容,应该是再恰当不过的了。《释名·释言语》:会集众采,以成锦绣。这是古人对锦绣工艺的高度评价。单以纹样而言,需要众人开动脑筋,汇集起来,再加以提炼和设计,自然风光无限。因此,用锦绣比喻祖国山河,便使人乐于

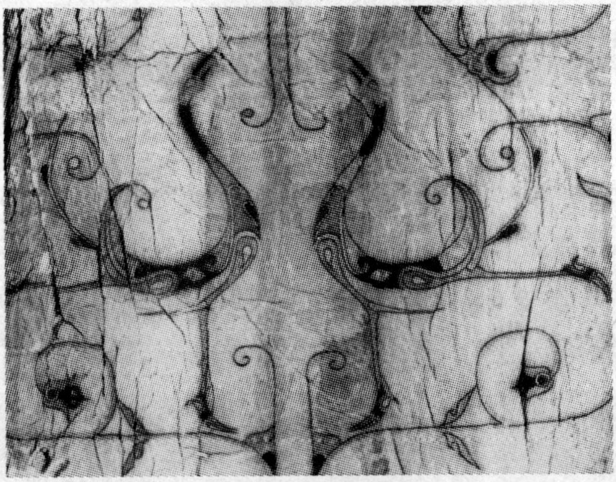

战国对凤纹绣

传颂，沿用成为习语。如唐杜甫《清明二首》其二："秦城楼阁烟花里，汉主山河锦绣中。"元戴良《秋兴五首》其二："王侯第宅苍茫外，锦绣河山感慨中。"清曾朴《孽海花》第一回："正是华丽境域，锦绣山河，好不动人歆羡呀！"

知识链接

"赤县神州"为什么指的是中国？

我国古籍中，中国有许多别称，《史记·孟子荀卿列传》提到战国时齐国有个叫邹衍的人，他说："中国名为赤县神州。赤县神州内自有九州。"后来人们就称中国为"赤县神州"。但更多的是分开来用，或称赤县，或称神州。

中国何以称为"赤县"？"赤县"是指天子帝王所居之"王畿"，即京都，因此用以指称整个中国。"县"，繁体作"縣"，右旁为"系"，左旁为"首"字的倒形。许慎《说文解字》言："縣，繫也。从系持首。""县(縣)"字的本义是指"首(首领、首脑)之所系"或"首之所在"，所以古代就把帝王天子所在之京都称为"县"，不是后来行政区划意义上的县。《广雅·释诂》说："县，国也。"即取此义。为何又在"县"字前加个修饰词"赤"呢？"赤"是红色，有光辉明亮的意思，这是我国传统作为吉利祥瑞的色彩。古代常以日月喻指天子帝后，所以天子帝后所居之京都"县"，当然就是吉利祥瑞、圣明昭著的，因而就用象征吉祥圣明的"赤"字来修饰，称为"赤县"。

中国又名"神州"。《汉唐地理书抄》辑《河图括地象》："昆仑东南地方五千里，名曰神州，中有五岳地图，帝王居之。"中国文化是敬天信神的文化，从史上记载的三皇所经历的漫长的岁月来看，在中国显然经过一段人与神共处的岁月，神曾经直接传授文化给人类。传说盘古开天辟地之后，出现的女娲、伏羲、神农都是一些象神祉般具有无边法力的人物。始祖母神女娲皇，她是中华民族伟大的母亲，她慈祥地用天上的黄土仿造神的模样创造了我们。黄帝是人文初祖，他的问世，带来了"绝天地通"的黄帝时代，于是人神分隔。但古史中又有黄帝求道、问道的记载。待到他得法悟道后，黄帝与随身的宫臣七十多人一起跨上从天而降的黄龙，白日升天，重新回归神的世界。古人相信神秘的东方，中国这个地方，是传说中神的故乡，是盘古以来的诸神创造、生活的国度，所以中国又有神州的称号。

94 为什么故乡、家乡又被称作“桑梓”？

《儒林外史》写范进中举后，乡绅张静斋主动上门攀谈道：“世先生同在桑梓，一向有失亲近。”这里的“桑梓”是用以指称故乡的。为什么不用别的树木而单用“桑梓”来指代故乡呢？

据文献记载，种植桑树与梓树在古代是很普遍的。我国是世界上最早植桑的国家。到了周代，栽桑养蚕已遍及我国南北的广大地区，养蚕织丝成为妇女的主要生产活动。而梓树是一种落叶乔木，生长速度较快，木质轻软耐用，很适合制作家具。一般家庭，常在房前屋后种上几株桑树梓木，这样生活就有了一定保障。孟子曾经说过：“五亩之宅，树之以桑，五十者可以衣帛矣。”老人若去世，伐下长大成材的梓树，棺柩也不用发愁了。因此，古人有在住宅周围栽植桑梓的习惯。后来人们就用物代处所，用“桑梓”代称家乡。唐代柳宗元的《闻黄鹂诗》“乡禽何事亦来此，今我生心忆桑梓”，“乡禽”与“桑梓”对举，表达了怀乡的感伤之情，即桑梓之思。旧诗句“埋骨岂须桑梓地，人生处处有青山”，则表现了好男儿以四海为家，何必老死在故乡的豪情。

知识链接

《儒林外史》的作者为什么取名叫“敬梓”？

吴敬梓移家南京后的故居名“秦淮水亭”，依青溪、秦淮河交汇处的淮清桥而建，原址已废，今人在旧址上重建了故居，供后人瞻仰、参观。故居大门所书对联“儒冠不保千金产，稗说长传一部书”，是其一生写照，点出了吴敬梓一生的经历和光辉成就。

上联若联系书中儒林豪杰杜少卿仗义疏财的举止，倒是很相符合的。少卿的不保、甚至挥霍家产其实也是吴敬梓的行事。生活中，由于吴敬梓曾如此对待自己从生父吴雯延、嗣父吴霖起名下承继的“千金产”，他因此被书中的高翰林之流、现实社会的全椒士绅讥讽为第一个败家子。

以此行径，作家当不会自名“敬梓”的。此名乃他从小就跟随的嗣父所取。吴霖起是一生功名仅止于赣榆县老教谕的读书人。这位忠于教职而终被无情黜落的耿直老秀才，出生于“国初以来重科甲，鼎盛最数全椒吴”的靠科举发家的门第。自己功名的黯淡和同辈族人在科场的不佳表现，使吴霖起把重振家声的希望寄托在继子的身上。“敬梓”意为“恭敬桑梓”。此名显然来自《诗经》。据《诗·小雅·小弁》记载：“维桑与梓，必恭敬止。靡瞻匪父，靡依匪母。”意思是见了桑梓容易引起对父母的怀念，所以起恭敬之心。可见霖起让他“恭敬桑梓”，就是鼓励他向曾祖国鼎、国缙、国对、国龙一辈看齐，争取在他这一代金榜题名，把父辈的传统发扬光大。

如果没有现实的沉痛教训逼使作家用怀疑的眼光拷问封建科举制度的合理性，那么《儒林外史》这部讽刺杰作也就不会横空出世了。吴敬梓晚年绝意仕途并以小说这种方式来否定父辈的八股科举道路，因此步入了有思想的进步作家行列。作家反讽似地让守旧的高翰林在书中讥笑自己：他“恭敬桑梓”？他是吴家一个败类！弟子往日教育学生时，都要他们引以为戒。一直到1905年，《儒林外史》挖苦的科举才真正寿终正寝。

95 为什么山川形胜被古人统一命名为“地理”呢？

“地理”一词最早见于先秦文献，在《周易·系辞》中已有“仰以观于天文，俯以察于地理”的话。唐代孔颖达在《周易正义》中注释说：“地有山、川、原、隰，各有条理，故称理。”可见，当时的地理是指山川等大地方面的知识。中国古代最早的地理书籍包括《尚书·禹贡》和《山海经》等。以“地理”命名的著作正式出现在东汉。班固撰写《汉书》时，专门写了一篇《地理志》。这是我国地理学史上具有划时代意义的著作。它的主要内容为汉代地理，开创了以一个朝代一定时期的疆域为主体，分别记录各区山川物产的疆域地理志的体例。此后，我国历代的官修史书，绝大多数都有“地理志”一章，并且都以《汉书·地理志》为范式记述各朝郡县疆域及山川状况。由于《汉书·地理志》的出现，“地理”一词也因此成为山川形胜及其相关学问的名词术语。

知识链接(一)

“中国”为什么是华夏神州的代称？

夏朝相传是中国第一个王朝，当时黄河流域的先民自称“华夏”。华夏族人将其四境的民族称为蛮、夷、戎、狄，而自称为“中国”。“中国”一词最早见于周代文献，如《论语集解》说：“诸夏，中国也。”后来随着所指对象不同而有了不同的含义，大致可以指京师、天子直接统治的地区、中原地区、国内或内地、诸夏族居住的地区等。《史记》、《汉书》经常出现“中国”的称谓，用它指华夏或汉族建立的国家。所以自汉代开始，人们就把汉族建立的中原王朝称为“中国”了。正因为如此，当少数民族如鲜卑人入主中原建立北魏后，便以“中国”自居，把偏安南方的王朝叫做“岛夷”。而汉族建立的南朝仍以“中国”自居，称北朝为“索虏”、

"魏虏"。两宋时期，南北方不同政权也都自称中国，彼此不承认对方是"中国"。

这样演化下去，"中国"一词所指的范围，随着时代的推移而从周的京师扩大为关中、河洛地区，又延伸到包括各大小诸侯国在内的黄河中下游地区。秦汉以来，那些不属黄河流域但在中原王朝政权统辖范围之内的地区也都称为"中国"，于是"中国"一词终于成为我国的通用名号。尤其是从19世纪中叶以来《中英南京条约》开始，"中国"更是成了专指我们国家全部领土的专用名词。有三千年文字记载历史的"中国"一词正式作为国名，始于辛亥革命以后。1912年元旦，中华民国成立，国际上通称Republic of China，简称China("中国")。

知识链接(二)

《西游记》提到的佛教四大部洲，其中对应中国的该是哪一块地方?

《西游记》第一回说盘古开辟天地后，世界分为四大部洲：曰东胜神洲、西牛贺洲、南赡部洲、北俱芦洲。第八回又叫如来对众人品评四洲的善恶优劣，曰："东胜神洲者，敬天礼地，心爽气平；北巨芦洲者，虽好杀生，只因糊口，性拙情疏，无多作践；我西牛贺洲者，不贪不杀，养气潜灵，虽无上真，人人固寿；但那南赡部洲者，贪淫乐祸，多杀多争，正所谓口舌凶场，是非恶海。"如来自我吹捧他的洲是人人长寿的极乐世界，即后文取经要去的大西天。他的劝人为善的三藏真经，又委托观音到东土去找人来求取。俗传花果山在连云港或顺昌、泰山等地，那么花果山所属的东胜神洲应该是东土大唐所在地了吧？稍作分析就发现其实不然。因为佛已称其"敬天礼地，心爽气平"，何必再取劝善之经呢？最后还是如来亲自点破答案。九十八回如来对三藏说："你那东土乃南赡部洲，只因天高地厚，物广人稠，多贪多杀，……"正和开头评议时说南赡部洲的情况相同。他吩咐阿难、伽叶两个引他们师徒四人，去藏经阁检出经卷，传流东土，也就是当时的中国。小说写美猴王最初学艺前曾听猿猴讲三等人(佛、仙、神圣)在阎浮世界之中，古洞仙山之内。

阎浮，是梵语“赡部”的异译，原意即指南赡部洲。因此，当时的中国也在阎浮世界之中即“神州”内了。

96 炼石补天的女娲是炎黄子孙的母亲神吗？

据古代神话文献的记载：在洪荒时代，水神共工和火神祝融因吵架而大打出手，共工被打败后，用头怒触西方的不周山。哪知那不周山是撑天的柱子，被共工撞倒了支柱之后，天倒下了半边，出现了一个大窟窿，地也陷成一道道大裂纹，“天不兼覆，地不周载；火烂焱而不灭，水浩洋而不息；猛兽食颛民，鸷鸟攫老弱。”

女娲目睹人类面临着空前大灾难，感到无比痛苦，于是决心补天，以挽救他们。她选用五色石，架起火把它们熔化成浆，再将这种石浆去填补残缺的天窟窿。随后又斩下一只大龟的四脚，使它作为四根柱子，把倒塌的半边天支起来。女娲还擒杀了残害人民的黑龙，堵住了四处泛滥的洪水。

经过女娲一番辛劳整治，苍天总算补上了，地填平了，水止住了，龙蛇猛兽敛迹了，人民又重新过上了安乐的生活。（《淮南子》天文、览冥训）

女娲不仅是神话中炼石补天、再造乾坤宇宙的女神，而且还是中华民族的伟大母亲。传说她慈祥地创造了我们，又像上面说的那样勇敢地照顾我们免受天灾，是被民间广泛而又长久崇拜的创世神和始祖神。

女娲抟土造人，制嫁娶之礼，延续人类生命，造化世上生灵万物。她神通广大，每天至少能创造出七十样东西。《太平御览》说：女娲在造人之前，于正月初一创造出鸡，初二创造狗，初三创造羊，初四创造猪，初六创造马。到初七这一天，女娲用黄土和水，仿照自己的样子造出了一个个小泥人。后来觉得一个个造起来太慢，就用绳子，沾满泥浆，挥舞起来。一点一点的泥浆洒在地上，都变成了人。为了让人类永远地流传下去，她创造了嫁娶之礼，自己充当媒人，让人们懂得“造人”的方法，凭自己的力量传宗接代。

女娲造人救世，劳苦功高，所以在西汉的《运斗枢元命苞》中，女娲和她的哥哥伏羲、遍尝百草救人的神农一道被列为中华民族人始之初的三皇，号娲皇。

知识链接

中国有没有西方传说中上帝造人那样的男性始祖神？

《淮南子·精神训》描述了宇宙创生的过程：“古未有天地之时，惟像无形，窈窈冥冥，芒芠漠闵，鸿蒙鸿洞，莫知其门。有二神混生，经天营地，孔乎莫知其所终极，滔乎莫知其所止息。于是乃别为阴阳，离为八极，刚柔相成，万物乃形。”世界开始于一团混沌之气，后阴阳剖分，化生万物。对照《楚帛书甲篇》，这里的“二神”当指伏羲、女娲。从哲学角度上说，是阴阳两仪；从神话角度上说，是伏羲、女娲二神。在汉墓壁画、画像砖石中，伏羲手捧太阳或日规，代表阳；女娲手捧月亮或月矩，代表阴。伏羲、女娲结婚生育四子，才育有万物，这是阴阳化育万物的开始。

伏羲，又作宓羲、包牺、伏戏，亦称牺皇、羲皇。相传人首蛇身，与其妹女娲成婚，生儿育女，成为人类的始祖。根据传说和史籍记载，伏羲氏仰观象于天，俯察法于

伏羲氏

地，用阴阳八卦来解释天地万物的演化规律和人伦秩序。伏羲氏造书契、正婚姻、教渔猎，结束了人们茹毛饮血、结绳记事的蒙昧历史，开创了中华文明。伏羲氏因此被奉为中华民族的“人根之祖”、“人文之祖”。

由于伏羲是蛇身人首，故有“龙的传人”之说。据不完全统计，我国汉、苗、瑶、壮、彝、傣、佤、侗、水、哈尼、拉祜、布依族等数十个民族，均流传有伏羲女娲兄妹托庇葫芦得免洪灾、结婚繁衍人类的故事，故称“人祖爷”。在相传是伏羲定都安葬地的宛丘（今河南淮阳），一年一度的“人祖庙会”代代相传，至今仍是中原大地上最为隆重的民俗文化盛典。伏羲演绎八卦的地方在现今天水市渭河南岸的“卦台山”，仅古成纪颇有规模的伏羲庙就有三处，当地人民把相传伏羲诞辰的农历正月十六日和成道升天的农历五月十三日作为伏羲庙祭祀的重大节日。江泽民总书记90年代初到天水视察，为古成纪题下了“羲皇故里”的碑文。

97 三国赤壁之战是在哪里展开的？赤壁之战的地点为什么叫做“赤壁”呢？

东汉建安十三年（公元208年）冬，东吴和刘备的孙、刘联军借助风势，动用火攻，一把火葬送了曹操二十六万兵马，乘胜追到南郡，曹操率残部北归邺城。这次以少胜多的战役就是赤壁之战。

陈寿的《三国志》和裴松之注引文所记载赤壁之战最具权威。在《吴主传》、《周瑜传》、《鲁肃传》、《蜀先主传》、《诸葛亮传》等篇中，写“权遂遣（周）瑜及程普等与备并力逆曹公，遇于赤壁。时曹公军众已有疾病，初一交战，公军败退，引次江北。瑜等在南岸，……”曹军退居的江北为乌林，孙刘驻扎在长江南岸的赤壁。完成于南朝刘宋元嘉十四年的盛弘之《荆州记》说：“蒲圻县沿江一百里南岸名赤壁，周瑜、黄盖此乘大舰，上破魏兵于乌林。

乌林，赤壁其东西一百六十里。”（见《文选》注三十引）赤壁和乌林，虽是两个地名，但只有一江之隔，所以后世称这次战役为赤壁之战，亦称乌林之战。

赤壁的具体方位在蒲圻县（今湖北赤壁市）城西北七十二华里，由三个山头组成，临江的一个山嘴上，刻有“赤壁”两个大字。《湖北通志》载：“赤壁山临江矶头有‘赤壁’二字，乃周瑜所书。”相传周瑜高奏凯歌，回军赤壁，在楼船上举行庆功酒会，拔出佩剑，边舞边歌“临赤壁兮败曹公”。歌罢，提剑在悬崖上深深刻下了“赤壁”二字。

也有人说，孙刘联军巧用火攻，乘东南风大起，向曹营举火，火船借助风势，直冲曹军水寨。曹军船只一时尽燃，岸上营落，火逐风飞，烈焰冲天，一片火海，把南岸崖壁照得一派通红，赤壁因此得名。

不过，赤壁作为地名，命名却在此前。汉高祖六年，治沙羡县（属江夏郡）的县令梅赤着手调查境内山川河流，发现许多地方没有取名，于是就按朝廷旨意命名了一批地名。当时陆水南岸有位修持百年的老道长骆文聪，上知天文，下穷地理。梅县令专程拜访骆道长，两人摆开罗盘、八卦，推演一番后，将沙羡中央一山名曰金紫山，在金紫山之南取了地名“柳林”。金紫山之北乃玄武之象，取其壁，“玄武之壁也”，取了个地名为“赤壁”。汉高祖崇尚赤色，除了“赤壁”外，梅县令和骆道长又取了几个带赤字的地名，如赤博林、赤博林湖、赤冈畈、赤马港等。就这样，“赤壁”的地名就出现了，而且载入了历史史册，仅《三国志》一书就有五十多处提到赤壁。

知识链接

为什么又有“东坡赤壁”的说法呢？

历史上写赤壁的诗文，影响最大的首推苏东坡。苏轼因乌台诗案，贬谪到黄州做团练副使，写下了千古名词《念奴娇·赤壁怀古》，还有脍炙人口的前后《赤壁赋》。他在词中道：“故垒西边，人道是、三国周郎赤壁。”他在赋中说：“壬戌之秋，七月既望，苏子与客泛舟，游于赤壁之下。”在诗文中都深情回忆了当年赤壁鏖战时风流人物周郎打败曹军，使樯橹灰飞烟灭的显赫业绩，寄托了自己壮志未酬、戴罪江城的抑郁思想。因为苏轼怀古的赤壁（即今黄冈城外长江北岸的赤鼻矶）并非历史上的战场，作者本人也未声言他游览的就是真赤壁（从“人道是”可知），所以后人称他咏的赤壁为“东坡赤壁”，而把蒲圻的古战场赤壁称为“三国周郎赤壁”。两个赤壁又叫“文赤壁”和“武赤壁”。

此外，赤壁在湖北还有几处。《湖北舆地图记》：“今江汉间言赤壁者五：汉阳（在今汉阳县蔡甸东，江水中间的一个洲上）、汉川（在今汉川县西八十里的赤壁草市，汉水支流的刁河口上）、黄州、江夏、嘉鱼也。当以嘉鱼赤壁为据。”杨守敬的《水经注疏》说：“赤壁当在嘉鱼东北现江夏接界处。”《一统志》：“赤壁山，在嘉鱼县东北江滨。……又按江夏县东南七十里，亦有赤壁山，一名赤矶，一名赤圻，非周瑜破曹操处也。”五处都曾希望自己被认为是三国的战场。三国吴黄武二年（223）设置的蒲圻县，1998年6月经国务院批准更名为赤壁市。如此，则赤壁在蒲圻（赤壁市）已成为板上钉钉，无可争议的事实了。

98 常说“人在江湖，身不由己”，什么是“江湖”？

谈武侠小说，无论如何绕不开“江湖”。江湖属于侠客，反过来说，侠客也只能生活在江湖之中。这是读者近乎常识的判断。只是“江湖”究竟是何意？为什么非与武侠连在一起不可呢？却很少有人探究。

“江”、“湖”两字既单独成词，也常分开使用，作为专名特指长江和洞庭湖，作为共名则泛指“三江”和“五湖”。《庄子》一书中最早出现“江湖”一词：“泉涸，鱼相与处于陆，相呴以湿，相濡以沫，不如相忘于江湖。”（《内篇·大宗师》）而到了《岳阳楼记》

中的范仲淹名句:“居庙堂之高,则忧其民;处江湖之远,则忧其君。”则把“江湖”与庙堂对立的文化意义,表现得最为清楚。因此后世作家,不满专制朝廷的庙堂政治的黑暗,就有意标举与之相对的民间社会的江湖文化。《水浒》逼上梁山的就是一帮江湖英雄,他们闯荡江湖、行侠仗义的故事就是一部《忠义水浒传》,旧名就叫“江湖豪客传”。

近年港台新武侠派崛起,大写武林传奇,风行一时。古龙的一本小说借杀手燕十三之口说:“人在江湖,身不由己”,更成为惊世之言,至此,“江湖”的称谓为更多的人接受,也有了进一步的涵义。在江湖里,你可以和你的爱侣双剑合璧,共奏一曲“笑傲江湖”。江湖是无奈的,看着自己的师友至爱喋血黄沙,为报仇也只能十年面壁。这就是江湖。最后还是古龙先生对江湖的称谓做了总结:有人的地方,就是江湖。什么是江湖?人即是江湖。什么是江湖?恩怨即是江湖。徐克版的《笑傲江湖Ⅱ东方不败》中令人难以忘怀的纯真水墨山水作品,因为任我行的“只要有人,就会有恩怨”而变得沉重。那个庄子以寓言形式阐述玄妙真理的“江湖”,因为古龙等人笔下的武林人物的出场,也变得更为沉重,充满了人世间的恩怨和哀愁。

知识链接

“九州”指哪九州?

九州之称,最早见于《尚书·禹贡》:“禹别九州,随山浚川,任土作贡”,“东渐于海,西被于流沙”。相传尧时大禹治水,分天下为九州,即“冀州”,“济、河惟兖州”,“海、岱惟青州”,“海、岱及淮惟徐州”,“淮、海惟扬州”,“荆及衡阳惟荆州”,“荆、河为豫州”,“华阳、黑水惟梁州”,“黑水、西河惟雍州”。从字面上看,“州”字的金文像河流环绕的高地的形状。《说文解字》解释说:“水中可居曰州。”可知其本意与《诗经·王风·关雎》中“在河之洲”中的“洲”字略同。既然“州”是很小的地理存在,“禹别九州”的“九”就不一定是确指,并非指九个大型的行政区划。“九州”的本意,应该是对古代中国不同部落,不同文化区域的总称。由

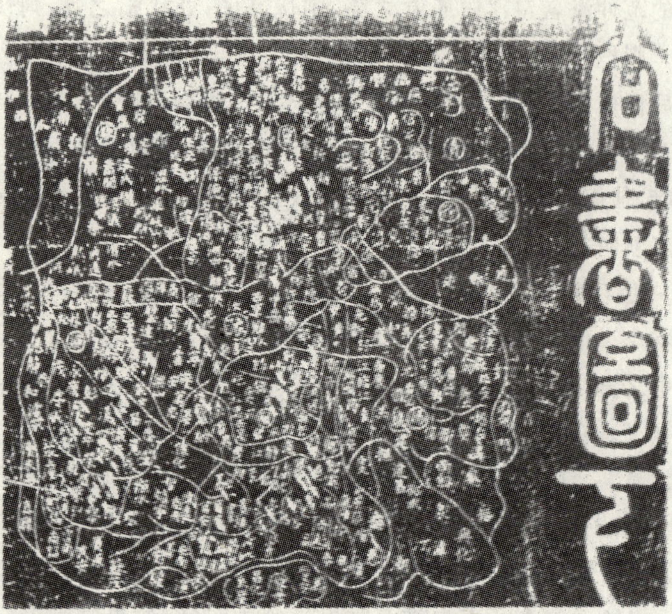

《禹贡·九州疆界图》拓片

此“九州”又引申为“全国”的代称，犹“天下”、“四海”之谓。龚自珍《己亥杂诗》里的著名诗句“九州生气恃风雷，万马齐喑究可悲”，其中“九州”一词就是泛指当时的中国。

99 光饼为什么跟平定倭寇侵扰有关？

福建一带至今流传着一种很有名的小吃——光饼，这一项弥足珍贵的非物质文化遗产，其原料仅为面粉、碱面、盐巴，另加一点芝麻，又被称为“征东饼”。无论“光饼”还是“征东饼”，均与戚继光入闽抗倭的传说有关。

史载明朝嘉靖年间，倭患不断，民族英雄戚继光率领戚家军挥戈南下，直抵福清。为追寇杀敌，军中常常来不及举火烧饭，戚继光便下令烤制一种最简单的小饼，用麻绳串起挂在将士身上充当干粮。由于助戚家军平倭有功，据说明嘉靖帝赐名曰“继光饼”，后来人们便把它简称为“光饼”。

还有一种说法，认为光饼源于闽东南民众为戚继光的军队预备的干粮。有一次，戚家军行军至慈溪龙山东门外，一老农为戚家军献上许多中间穿有小孔、外置芝麻的咸饼以作慰劳，并对戚继光说：这饼光光的，用绳子穿上带在身边，饿时即可充饥。戚继光深感百姓爱军心切，又看军队也需要便于携带的干粮，就命将士接受了百姓的一片心意。

不管是民献还是自创，光饼这种便于携带的干粮为平定倭寇侵扰立下了大功劳。查乾隆年间的《榕城诗话》，有诗为证：“昔闻南塘戚将军，御倭远走东海岸。三军千里裹粮来，征发往往误朝爨。特作此饼散军中，一串随身挂铠钎。干戈冲斥任鲸吞，临阵含脯和血汗。身经百战兵不饥，士气激发倍骁悍。”至今福建人都喜食光饼。今年正月初五，福清市还举办了光饼文化节。各式各样的芝麻光饼、油酥光饼，夹紫菜、海苔、粉蒸肉、雪里红的光饼，惹人注目而又让人垂涎欲滴。

知识链接

武夷岩茶为什么叫做“大红袍”？

中国十大名茶之一的大红袍是福建省武夷岩茶（乌龙茶）中的名贵珍品，产于福建崇安东南部的武夷山。这里方圆六十公里，有三十六峰、九十九名岩，岩岩有茶，茶以岩名，岩以茶显，故名岩茶。大红袍和铁罗汉、白鸡冠、水金龟等名品合称“四大名枞”。说起大红袍的来历，还有一段有趣的故事呢。

传说古时候，有一位穷秀才上京赶考，路过武夷山时，生了一种怪病，整天没有食欲，武夷山天心寺的老方丈听说之后，命人泡了一碗茶给他喝，病一下子就好了。后来秀才考中了状元，被御赐一件大红袍，招为东床驸马，专程来到武夷山谢恩。状元到了天心寺后，方丈引着他从天心岩南下，来到九龙窠，但见峭壁上长着三株高大的茶树，枝叶繁茂，吐着一簇簇嫩芽，在阳光下闪着紫红色的光泽，煞是可爱。

老方丈说，当年你犯厌食症，就是用这种茶叶泡茶治好的。很早以前，每逢春日茶树发芽时，就鸣鼓召集群猴，穿上红衣裤，爬上绝壁采下茶叶，炒制后收藏，可以治百病。

状元听了，先在石壁前摆下香烛供品，对着三株树行了三拜九叩的大礼。然后命一樵夫爬上半山腰，将皇上赐的大红袍披在茶树上，以示皇恩。说也奇怪，等掀开大红袍时，三株茶树的芽叶在阳光下闪出红光。众人说这是大红袍染红的。后来，人们就把这三株茶树叫做“大红袍”了。有人还在石壁上刻了“大红袍”三个大字。从此大红袍就成了年年岁岁的贡茶。

自古物以稀为贵。世所公认的大红袍，仅是九龙窠岩壁上的那几棵。满打满算，最好的年份，茶叶产量也不过几百克。这么少的东西，自然也就身价百倍。民国时一斤就值 64 块银元，折合当时大米 4000 斤。前几年，20 克大红袍茶拿到市场拍卖，竟拍出 15.68 万元的天价，创造了茶叶单价的最高纪录。这么稀贵的茶叶，寻常百姓哪得一见，更不用说品赏了。

100 为什么有种荔枝叫“妃子笑”？

读唐史的人，都会知道唐明皇为能让杨贵妃吃上新鲜荔枝，不惜动用战时驿道的快马传递，日夜兼程，送到长安。晚唐杜牧还有一首《过华清宫绝句》渲染此事：“长安回望绣成堆，山顶千门次第开。一骑红尘妃子笑，无人知是荔枝来。”荔枝有一品种叫“妃子笑”，即是受此影响而得名的。可是，由于诗人没有说出荔枝的产地，史书也无确指，因此“妃子笑”来自何处竟然成为一段历史公案。翻检史料，可知古来为朝廷进贡荔枝的产地，向有岭南和涪州（今重庆东北）两地。因司马光所编《资治通鉴》说“妃欲得生荔支，岁命岭南驰驿致之，比至长安，色味不变”，贵妃爱吃的荔枝出自岭南一说，遂成定论。台湾历史学家严耕望先生《唐代交通图考》中的《天宝荔枝道》一文细查此事，却发现其中实有纰漏，就是运输中的荔枝如何保鲜。曾任忠州（今重庆忠县）刺史的白居易在《荔枝图序》中说到巴峡间生荔枝，离枝“三日而味变”。如果杨妃吃的荔枝产自岭南，则距长安有四五千里之遥，断不能如《新唐书·玄宗贵妃杨氏传》说的：“置驿传送，走数千里，味未变已至京师。”而从近邻长安的蜀地驿马传送荔枝，三日内可达长安。北宋蔡襄《荔枝谱》说“唐天宝，妃子尤爱嗜涪州，岁命驿致”。《国史补》也称杨氏“生于蜀，好食荔枝”，则她幼时就喜爱的水果更可能是本地所产。《舆地纪胜》之“涪州古迹目”则记：“妃子园在州之西，去城十五里，荔枝百余株，颗肥肉肥，唐杨妃所喜。”可见给杨妃进贡的新鲜荔枝应产在四川。这种“妃子笑”荔枝外皮淡红，果实较大，内核特别小，平均单果重 30 克，果肉细嫩多汁，难怪让杨妃一见即笑逐颜开。

《秋叶梧桐雨》中的唐明皇与杨贵妃

知识链接

“老佛爷”是对慈禧太后的专称吗？

慈禧太后，又称“西太后”、“那拉太后”。乳名兰儿，姓叶赫那拉氏，镶黄旗满洲人，安徽徽宁池广太道道员惠徵之女。咸丰二年（1852）被选入宫，号兰贵人。咸丰六年（1856）生子载淳，晋升为懿贵妃。咸丰十一年（1861）咸丰帝死，其六岁的儿子载淳即位，这就是清穆宗同治皇帝。咸丰十一年七月十八日，内阁奉上谕，尊咸丰皇帝的皇后纽古禄氏为“母后皇太后”，加徽号为“慈安”；尊载淳的生身之母懿贵妃为“圣母皇太后”，加徽号“慈

慈禧太后油画像

禧”，这就是两宫皇太后。咸丰驾崩于承德避暑山庄后，慈禧治丧期间因与慈安太后分住烟波致爽殿东西暖阁，所以又称为西太后。

西太后对佛教十分崇信，每逢斋日都要吃素念经，她的居室里专设一间佛堂，供奉着一尊瓷制的观音菩萨像。万寿寺大雄宝殿后面的观世音，据说是她的心腹太监李莲英让人按慈禧的模样塑造的。后来慈禧来万寿寺焚香礼佛，由于对观音非常赏识，还穿上了寺里方丈为她准备的观音衣服，李莲英双手合十，横杵于腕上，扮作护法神韦驮，两人在这个佛像前照了张像。宫里的人为了讨西太后的喜欢，称她为西佛爷，东太后也跟着被称为东佛爷。光绪七年东太后去世，两宫只剩下西太后一人，而且她权倾朝野，垂帘听政，这时人们也就改口称她为老佛爷了。

在一些小说和影视剧中，往往把西太后称作“老佛爷”，许多人就误认为它是慈禧太后的专用名称。其实不然，清朝各代皇帝都可以称为“老佛爷”。这是因为满族的祖先——女真族的首领最早称为“满柱”，而“满柱”是佛号“曼殊”的转音，意为“佛爷”、“吉祥”。满清建国后，将“满柱”汉译为“佛爷”，并把它作为皇帝的特称。慈禧贵为太后，权倾朝野，实际掌握了政权，但毕竟不是名正言顺的皇帝，尊称她为“老佛爷”显然不符合封建礼数。

101 (古代)国家最高行政机关为什么称为“内阁”?

内阁,明、清最高官署名。早在唐玄宗时,宫廷内便设有翰林学士院,位于宫廷内学士院,是一个应对皇帝宣召,或代为皇帝起草文书的机构。到宋代设立的翰林学士院,已与执军政权的政事堂、枢密院具有相同的地位。明代皇帝朱元璋为了加强中央集权,仿照唐宋旧制,于洪武十五年(1382)置华盖殿、谨身殿、英武殿、文渊阁、东阁等大学士,为皇帝顾问。明成祖即位后,特派品位较低的翰林院编修、检讨解缙、胡广、杨荣等入午门值文渊阁,参预机务,称为“内阁”。皇帝常与这些亲信密议国政,“人不得与闻”。仁宗以后,内阁权位渐高,入阁者多为尚书、侍郎。明代之内阁大学士虽无宰相之名,实有宰相之权。清代沿袭明制,天聪年间,设内三院;顺治年间改称内阁,以大学士分兼殿、阁之衔。军机处成立后,凡内阁处理的政务,基本上改由军机处办理,内阁徒有虚名,仅成为传达皇帝谕旨、公布文告的机关,但名义上仍为清代最高级之官署。清末仿行君主立宪制,设责任内阁,以旧内阁与军机处合并为最高国务机关。北洋军阀时期改称国务院,习惯上仍称内阁,其成员称阁员。时至今

军机处值房

日，人们称呼各国处理国家政务的最高行政机构，仍多按此习惯称为内阁。“内阁”一词已成为政府首脑部门的代称。1900年，英国议会的布告中出现“内阁”（Cabinet）一词。1937年《国王大臣法》通过以后，“内阁”这一名称才正式有了法律依据，内阁形式很快被许多资本主义国家所采用，成为这些国家的最高国家行政机关。

知识链接

官府为什么又叫“衙门”？

“衙门”，据《唐语林》卷八及封演《封氏闻见记》一书记载，“近代通谓府庭为公衙”，而“衙”字本作“牙”。先秦时武将仪仗“像猛兽以爪牙为卫，故军前大旗谓牙旗”。东汉张衡的《东京赋》中，有“戈茅若林，牙旗缤纷”的描述，三国时代的薛宗注解说：“牙旗者，将军之旌。古者天子出，建大牙旗，杆上以象牙饰之，故云牙旗。”古代君主、将军统兵出征，常在军营门口设置牙旗，军中听号令，必至牙旗之下。所以营门也称“牙门”，是军中的办公之处。唐代崇尚武略，因此通称“公府”为“公牙”，“府门”为“牙门”，“字称讹变，转而为衙”，结果“衙门”就成了历代王朝的统治机构或组建形式的代称。

另一说法是，古代皇宫宫殿的前殿殿门叫衙门。唐代设南衙、北衙：文官集聚在丞相办公的南衙；北衙是羽林军将领办公的地方，武官集聚在那里。后来，凡是官署通称为衙门。不管是哪一个朝代，其统治方式的构成都是一个复杂的系统，因而衙门的分类和级别亦是各不相同的。“衙门八字朝南开，有理无钱莫进来”这一类谚语的流传，便十分形象地反映了老百姓对它的一般认识。老百姓所云能否“进来”的衙门，其实是特指这个系统的最基层面，即州县衙门。至于皇宫的衙门，则是他们做梦也不敢想“进”的。